师说心语

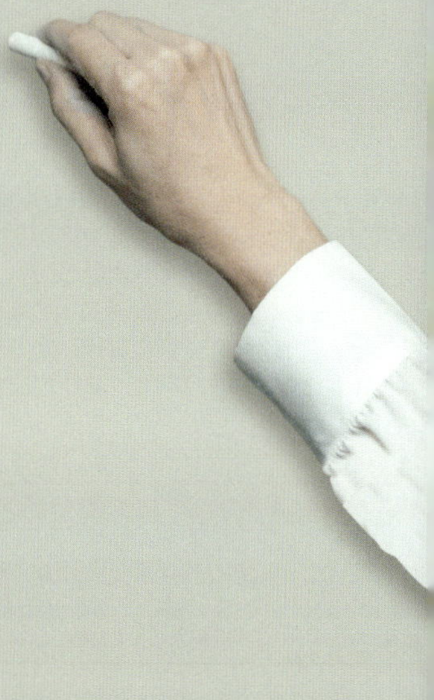

刘知晓◎著

云南大学出版社
YUNNAN UNIVERSITY PRESS

图书在版编目（CIP）数据

师说心语 / 刘知晓著. -- 昆明 : 云南大学出版社, 2021

ISBN 978-7-5482-4252-9

Ⅰ. ①师… Ⅱ. ①刘… Ⅲ. ①中小学－教育工作－文集 Ⅳ. ①G63-53

中国版本图书馆CIP数据核字(2021)第002844号

策划编辑：陈　曦
责任编辑：陈　曦
特邀编辑：李　平
封面设计：刘　雨

师说心语

SHISHUO XINYU

刘知晓◎著

出版发行：云南大学出版社
印　　装：昆明理煋印务有限公司
开　　本：787mm×1092mm　1/16
印　　张：11.75
字　　数：204千
版　　次：2021年6月第1版
印　　次：2021年6月第1次印刷
书　　号：ISBN 978-7-5482-4252-9
定　　价：48.00元

社　　址：云南省昆明市一二一大街182号（云南大学东陆校区英华园内）
邮　　编：650091
电　　话：（0871）65033244　65031071
网　　址：http://www. ynup. com
E-mail：market@ynup. com

若发现本书有印装质量问题，请与印厂联系调换，联系电话：0871-64167045。

自 序

我本布衣，却有很自豪的事情。我的祖父在日本鬼子侵占家乡之前，就开了镇上仅有的一家自行车行，当时的车行相当于现在的汽车4S店兼汽修厂。由于祖父善于经营，可谓家境殷实；但这不重要，重要的是祖父为人仗义，有江湖风范，据说车行里是“座上客常满，杯中酒不空”。再加上他在乡里乡亲面前谦逊和蔼，即使是战乱年月，未受到滋扰，也能保全身家，在益寿临广一带很有名望。我小时候总是被介绍说：“这是刘德元的长孙。”仰仗祖上阴德，我没有像父亲一样继承祖父事业去经商吃手艺饭，而是做了一名教师吃开口饭。其实我的一个祖上做过塾师，当教师也算是有点家承吧。祖上开塾的印章被我当作文物捐给了广饶县党史展览馆，换来了一套《乐安县志》。我记得印章上的文字是“广饶县第二区刘家集私立第四初级小学铃记”。

到目前为止，我从事教育事业已经32年了。一般人6岁入学，22岁大学毕业，至60岁退休，职业生涯不过三十几年。“年过四十不改行”，我这一辈子就跟教育打交道了。

往事回想起来，情愫满怀。

选择一行职业得有干这一行的本钱。1987年参加高考，我选学的是文科，填写志愿的时候，发现师范院校是绕不过去的。由于数学成绩失常，只好去了师专而且进入中文系学习。在师专的时候，没有觉得中文专业课难学，大部分时候还能得到奖学金，时间一晃就到了毕业季。工作以后的经验告诉我，凡是觉得很容易学的事情，恰恰是对其不求甚解，正如种庄稼时的“浅锄不如深耕”，浅锄不费力但对庄稼不利，深耕费力却对庄稼生长有利。所以说我的中文专业水平的感觉良好是徒有其名，无非是学了个皮毛而已，并没有得到其中的真谛。

不过话又说回来，我从小还是对语文很感兴趣的。一是对阅读有兴趣。不管是教科书还是其他的书籍，有图的没图的，高年级的低年级的，都愿意读；报纸杂志，过期不过期都行，字不认识也不影响我的阅读。似乎当年的广播还能帮助我阅读，因为听顺了耳也就说顺了嘴，说顺了嘴阅读的时候也就跟着顺读出来。比如总是听广播里说“阿沛·阿旺晋美”这个名字，一见到书报上前有“阿”后有“美”这两个常见字，“阿沛·阿旺晋美”就顺嘴读出来，“沛”“晋”这些不常见的字就逐渐认识了。二是愿听愿说。愿意听故事，听完了喜欢讲给伙伴听，添枝加叶，而且试图让讲的比听的更生动。想想看，这既是语文中的复述能力，也是创作能力。愿意看戏，更愿意看排演，因为演戏是一遍的功夫，排演是多次重复并且有讲解的过程。通过看排演，对剧情发展、唱词唱腔、人物刻画，我比那些只看正式演出的伙伴有了更多的收获。他们嫌排演的时候演员不化妆，表演不精彩、不正式，更嫌耽误工夫，岂不知这里面学问大着呢。赶大集，逛庙会，挤在人群里听评书、大鼓书，也学到了不少历史和文学知识。三是交文化人。尽管我年龄小，但很喜欢看有文化的人读书写字，也喜欢和他们交流。谢子龙先生毛笔字写得好，书桌上摆着一个玻璃罩着的工艺蜡梅花，显得陋室不陋。我从他那里看到了“学浅自知能事少，礼疏方觉慢人多”这一句，至今记得清楚。谢子亮先生，黄埔六期生，据他自己言讲是参加过叶剑英领导的广州起义的。他晚年独居，唯我是常客。我曾在他房里闻着臭臭的墨汁味儿，磕磕绊绊地读墙壁上他手写的竖幅唐诗作品。刘成德先生识文懂戏，是我最好的忘年交，他给我说余叔岩的《空城计》《珠帘寨》，有些见识很深刻，因为十几年后我才在戏剧书刊上读到一些和他相同或类似的观点。你能想到大年初一的下午，当其他人在推杯换盏庆祝新春的时候，在一间充满烟火味的昏暗老房子里，一个耄耋老人面对着一个年轻人，一字一句地背讲《孟子见梁惠王》的情景吗？正是小时候遇到了这些身为农民却有些学问的老先生，引起了我对语文学习的兴趣，而且产生了对过去私塾教学的关注和思考，工作之余还写了几篇关于书塾蒙学的文章。

1989年，我师专毕业，当上了一名语文教师。就是以上跟提高一个人语文素养有关的经历和爱好，竟然成了我从事语文教学的“童子功”，如同一个生意人积累了一点儿起家的本钱。

舞台有了，就得学会琢磨事儿，争取做一些别人还没做的事儿。我毕业被分配到东营市市政府机关小学，即东营市实验小学，第一个岗位是五年级语文老师兼班主任。这对我而言极有挑战性，因为我师专毕业前既没有见习，也没有实习，对如何执教中小学语文仅仅是停留在书本的理论上。一下子直接站在讲台上，面对几十张充满渴求的稚嫩小脸，真是觉得有些无所适从。幸亏校长和老教师们对我很宽容，孩子们也愿意接纳我，不适感迅速消失了。我也像日本作家木山捷平笔下的大仓老师那样充满了青春活力，凡事都追求认真和效率，似乎得到了注目和好评。半年后，我就被送到了浙江省著名的小学语文特级教师朱雪丹的门下，进入小学语文教研班脱产学习。

教研班的学习和半年前的学生生涯几乎没有什么区别，早操、自习、听课、作业一样不落，但学习的感受和效果却大不一样。如果说至今还能对小学语文说出个三二一，还得说得益于那六个月的杭州进修。通过专业培训，我如同一个迷失路途之人，一下子找到了桃花源的入口，“初极狭，才通人，复行数十步，豁然开朗”。课堂教学有了进步，班级管理也很有成效，卫生、纪律、班队活动经常名列前茅。凡事有因有果，我得到了全市优秀少先队辅导员的称号。对于这个称号，我很珍视，一则因为这是工作以来获得的第一个市级荣誉，证书上赫然盖着东营市人民政府的大印，比起我收藏的祖上私塾印章更令人觉得正统、大气；二则因为这个荣誉还使我有了一次大连之旅，带着十多个中小学优秀团员和少先队员参加了科技夏令营。

工作之初，我看到同事们都在谨小慎微地抓课堂教学，师生们很规矩地朝七点半晚四点半进行教与学，感觉学校里缺了一些生气，这不是我想要的教学生涯。于是，在扬沙浮尘的春天，我领着孩子们“忙趁东风放纸鸢”，绊几个跟头跌几个跤，没有谁叫痛叫累；秋天带着学生野营、野炊，点燃了离城十几里的河边衰草，漫天大风中齐诵“野火烧不尽，春风吹又生”。和同学们一起到南郊农场去收割完毕的稻田里拾稻穗，然后请人帮忙碾米。大家同吃煮米饭，没有佐菜照样大快朵颐。如果正在上课，下雨了或者下雪了，我会立马停止上课，放学生出去赏雨或玩雪。后来我读到一则资料，说国学大师钱穆在做小学教员的时候，为了指导学生写作就经常带领学生听风观雨。我觉得能在几十年后步了大师的后尘，心里有少许的得意。如果该静心教学了，我也会潜心琢磨。原来不知道教学要教到什么程度才算教学到位，因为教学大纲没告诉你，教参也没有告诉你，备课和组织复习时很费脑筋。有一天我突然顿悟，认为教材中的课后题里面蕴含着巨量信息。课后题既是教学大纲要求在这一课的具体化，也包含着教学重点和教学难点，而且依据题目的编排顺序可以安排课时的教学进度。在这一发现的基础上，我查资料，找依据，撰写了平生第一篇教学论文《要重视课后作业题》并投稿《山东教育》。编辑部很快就给我发来了用稿通知，并要求我用钢笔誊抄一遍寄回。我不敢怠慢立即照做，但盼来盼去最终没有发表。后来得知原因是时任编辑被抽调筹办新报纸去了，交接工作出现了空档，而我那篇重新誊抄的处女作恰巧落在了空档里。

教育要往深处做，实在是一件不容易的事情。担任东营市实验小学副校长的时候，我提出了开展“学科实践活动”的思路，试图践行“教学生活化”的教学理念。我先从执教的语文学科开始，逐步扩大到其他学科，改革的成果被宣传到中国教育电视台、《山东教育》和《山东教育报》，入选《山东省教学改革典型经验》一书。1999 年，东营市教研室在学校召开现场会，推广学科实践活动经验。但是改革一阵风，渐渐地又被应试教育扯了后腿，学科实践活动忽隐忽现在日常之中。2014 年，我们到北京参观学习，发现北京市教委在 2011 年下文要求在全市开展学科实践活动。看到北京市的中小学向我们介绍了开展学科实践活动的经验，我很后悔因为没有坚持，使一项先于 21 世纪初课程改革、符合课程改革理念的、有一定基础的改革泯然于平淡。

其实，我在东营市晨阳学校任职的时候，就组织实施了将“学科实践活动”转化成“团队实践活动”。学校少先队建成了“红领巾超市”“红领巾邮局”“红领巾养殖、种植基地”。超市的进货、经营、结算等事务完全由学生轮值，所得微利全部用于捐助、救助和少先队活动。学校内的报刊书信、快递包裹由学生邮递员派送，教室和走廊的绿植、盘旋学校上空的鸽子都是由学生按年级、班级轮流养护的。学校团委组建了教师、家长、学生“义工团”，承担了学校卫生保洁、亲子阅读、社区服务等所有事务。卫生区从校长到学生每人承包一片。之所以开展亲子阅读活动，出发点就是“宁可把书看烂，也决不让书蒙尘”。每天晚上学校阅览室灯火通明，家长与学生同读于桌前，“义工团”成员负责提前借阅、阅后整理归还。亲子阅读受到学生欢迎，还有一个原因是学校规定凡是本日晚间参加阅读活动的班级不允许布置其他作业。今天全国各地的街头社区，不乏身穿红马甲的志愿者，但在 15 年前的东营市晨阳学校，规模性的志愿服务已是司空见惯了。每每说起此事，当年的义工（今天依然是义工）对此的自豪之情常洋溢在脸上。

我在晨阳学校主持学校全面工作，这是一个可以施展自己教育理想和抱负的机会。面对新学校开班办学，确立什么样的办学理念和思路很重要。我笃信习惯成就未来，根据当时独生子女家庭溺爱、学校教育纤弱无力、教师队伍年轻、教育教学经验不足的实际情况，提出了“习惯养成教育”的设想。我跟教师们讲：

“在社区和家庭，还有我们输送学生的高一级学校，不用看校服，仅凭行走坐立和听说读写的习惯就能判断出这个学生是晨阳学校出来的。这就是我们的教育目的，这就是我们的办学特点。”2008 年底，我随团出访山东省的姊妹城美国康涅狄格州，实地考察了康州的幼儿园、中小学，重点了解了康州学校的教育教学，特别是学生管理情况。利用出访机会，我拿到了康涅狄格州一所小学、一所初中的《学生手册》，回国后安排学校的英语教师翻译成中文，并以此作为参考，制定了晨阳学校的《学生手册》，还创造性地制定了《教师·家长手册》。这三个手册，重点规范学生的行为习惯和学习习惯、教师应遵守的工作常规和家长在子女教育问题上应尽的义务，对其中涉及的学校、教师的惩戒权，还咨询过山东大学的法学教授和学校法律顾问，由律师事务所出具了法律意见书。有了这三个手册，学校的管理水平逐渐提升。

从事教育多年，其中从事教育教学管理时间不短，但我还是最喜欢教学，这也是我不再继续做校长而成为一名教研员的原因。我想干一行得精一行才行，既然做了一名教师，教学能力强是应有之义。记得刚参加工作时，学校教务处组织全体教师参加了一次考试，考试内容不分学科，十分综合。我虽然只考了 62 分，却是全校第一名，使得校长、主任和老教师对我很是刮目相看。经过朱雪丹老师的指点后，我明白了语文课教学的一些精要，在教学过程中注入了很多思考，很注意对教学大纲和教材的解读，上课的时候尽可能地调动学生的学习情绪，教学效果还不错。记得教《桂林山水甲天下》一文，我领着学生把课文内容用数学算式的形式“山 + 水 + 云雾迷蒙 + 绿树红花 + 竹筏小舟 = 画卷”总结出来，一目了然，以此指导背诵的效率特别高。参加山东省教学能手比赛前，我没有像一些选手一样一课一备，我想那得费多少工夫啊，况且只能“焯焯水”而做不到精细和精准，而是把工夫用在解读课程标准的年段教学目标上，做到将目标熟稔于心，等到课题抽出来再备也不迟。教学目标如同我们要去的一个地方，要目的地清楚，走哪条线路或者采用什么样的交通方式，要依据实际条件而行，不蛮干，不盲干。这次参加山东省教学能手的评选很顺利。评委之一的山东教育社吴润梓老师对我的讲课颇感兴趣，让我整理了课堂实录并给予发表。2004 年我在北师大参加培训，其间接到了东营市教研室周学松主任的通知。他推荐我去省里上公开课，课题是“说说我们的学校”。一看教材，书里只有一个概念化的学校供教学用。培训一结束，我就去了上课学校潍坊市实验小学，把学校的布局、设施等情况拍录下来，决定不用教材上的概念化的学校内容，上课时据实让学生

“说说”，而且不但要说学校的“好”，还把校长请到课堂，让他听听孩子们对学校的“不满和建议”。这次大胆使用教材和新颖的上课方式得到了与会老师很高的评价。

“鸟随鸾凤飞腾远，人伴贤良品自高”。在我的成长过程中，首先遇到的是东营市实验小学首任校长邵忠毅先生。他温文尔雅，是“文化大革命”前老三届师范毕业生，教学素养很高。正是在他的领导下，东营市实验小学奠定了坚实的办学基础，养成了良好的教风、学风，培养了一大批教育教学骨干，输送出6位市直学校的校长、副校长。邵校长对我影响极大，在他退休的时候，我拟言“树人全凭亮节，治学力赖高风”两句作为赠言。和我共事的曲植民、张秀芬、张兴芳、吴萍等一大批优秀教师，都是我学习的榜样。我也为他们兢兢业业教书育人的事迹所感动，发挥语文教师的特长，亲笔撰写过赞扬他们的文字材料。陈金铭是一个比我年轻许多的教师，他刚参加工作的时候在东营市利津县汀罗镇中心小学担任语文教师。在一次市级语文优质课评选活动中，我担任评委，听了陈金铭执教的《一夜的工作》，觉得这位老师培养潜力大，就主动与他交流。我们一见如故，逐渐成了好朋友。因为他谦虚好学，利用网络上的教育论坛使自己不断地成长，引起了线上小学语文改革先行者的关注，从利津县一所乡校出发，先调到了江苏的新教育实验小学，后调到了《小学语文教师》编辑部。在教师专业发展方面，他是一个很成功的例子。

信马由缰写到这里，算是向各位交代一下我成长的大概轨迹和工作以来的一些感悟。有过艰辛，有过欢乐，更多的是身为人师过程中的往日记忆和思考。些许絮语，聊作自序尔。

刘知晓

2020年9月

目 录

第一章　教师的自我修炼

因为有了过程，所以有了经验，教训也是经验。任何一名教师，都是从新教师开始成长的，需要前人的经验引领他走一段捷径，前人的教训则会告诉他为什么要选择去走捷径。新教师走上工作岗位，会有许许多多的迷茫，如应该如何定位自己，和学生应该怎样相处，老教师做的一定是正确的吗，该学些什么等。回顾自己的成长经历，教训多于经验。我把其中最有感触的写出来，告诉同侪和后来者，解答疑惑，让他们少走弯路。没有理论，只有实践和感想。

一、新教师的责任

每一年的新学期，我们或多或少都要接收一些招考进学校的新教师，他们大部分是从大学课堂直接走到中小学课堂的毕业生。这些年轻人刚刚踏上工作岗位，初为人师，幼稚多于成熟，自卑多于自信，步履蹒跚地走上了工作的征程。克里夫·贝克说："教师应当承担学术和道德的责任。"从这句话理解开来，这些刚参加工作的大学生走上教师的工作岗位，也要无例外地担负起学术与道德的责任。

先说学术。应当毫不客气地说，自从高校扩招以来，高等教育的质量不容乐观。我的师专老师曾经和我谈起她这几年的教学感受。她说教我们的时候整个中文系才有120名学生，而现在得有上千名学生了，甭说是因材施教，连学生的名字都叫不上来。教师和学生除了在课堂上，几乎没有见面的机会，考试只能是个形式，这种环境中成长起来的大学生素质可想而知。再说道德。社会道德的滑坡和未成年人道德教育的缺失，反映在部分新毕业生的身上，就是很少能看到他们承担道德责任的影子，事事不靠前，事事不担当。近几年我所接触到的师范毕业生，和原来的毕业生即现在有过一段工作经历的教师相比，有以下特点。

（1）教学基本功除了普通话整体水平较高以外，钢笔字、粉笔字，包括执笔姿势和读写姿势大多数都不正确或有问题，甚至中文系毕业的学生还常写错别字，基本的应用文也不会写。每次接待求职的大学毕业生，我总是让他们先写一段文字，观察他们的写字姿势和书写水平，从文字表达的逻辑性上判断他们的教学基本功如何，下一步才会听他们的试讲。令人满意者凤毛麟角。

（2）教师是一个崇尚经验的职业，新毕业生恰恰在这个方面不足。新毕业生进到学校里来，在老教师面前大部分表现得非常谦虚，开口闭口都是向有经验的老师学习。其实这谦虚的背后是一种自卑。每当学校集会的时候，坐在后面的基本上是新教师。如果不是点名发言，他们很少有开口的时候。在实际工作中，也没有像他们自己说的一样主动地去请教别人，而是默默地看着别人怎么做，然后自己模仿着做，典型的“摸着石头过河”。

（3）新教师往往是一个受学生欢迎的群体。因为刚参加工作，这些新教师正在践行着课堂上学来的理论。工作的新鲜感和职业的理想化，使他们充满了对学生的热爱。加上和学生的年龄差距小，所以学生很喜欢刚刚毕业的老师。可是往往好景不长，一旦考试成绩出来，一旦遇上棘手的差生和学校较严格的管束，他们偏激的教育方式马上变成了不和谐的音符。

（4）在制度面前人人平等的管理方式，使新毕业的学生有点束手无策。虽然学校领导和同事从心理上也承认新教师和老教师之间有不同点，但在人际关系认同、成绩考核和工作量安排上，丝毫没有体现出不同。新毕业生首先陷入的是人际关系的迷魂阵。学校也是一个小社会，新教师初来乍到，不知道自己的归属，往往在人际交往上产生困惑。因经验不足而导致的教学成绩落后，同样得不到家长和同事的谅解。学校的管理除了制度以外，还有很多潜规则，新教师自然不清楚，难免踏入“雷区”。所以每到考核的时候，如果不是教学成绩突出，很难见到新教师表现出对教育教学工作的信心。

（5）新毕业的大学生中有“三多”现象，即网民多、烟民多、恋民多。在在求学时期，许多学生迷恋网络，有的甚至沉湎其中，养成抽烟喝酒习惯的大有人在，谈情说爱的也不少。这些与勤奋好学、追求上进不符的现象和行为，自然也被带入了中小学职场，成为新教师和老教师融合的一个障碍，也成为影响“教师要承担学术和道德责任”落实的一个障碍。

面对刚踏上工作岗位的大学生们，我有几句话要对他们说。教师是一种在社会发展中发挥着强大作用的职业，是一个决定着教育改革成败的群体，他们应该拥有帮助学生的策略和力量来决定自己在专业化方面的成长。学生曾经把对新教师的期望变成三个词：多才多艺、温和、朋友。综合起来说，大学毕业生在进入学校担任教师以前应该注意四项修炼。

一是学术修炼。教师是学科领域的主人，如果没有学术的“专”，专业化成长就是一种妄谈。某学科的教师不再是照本宣科的机器，而是需要深入、综合和发展知识的主持者和组织者。大学四年应该是精读专业、发展副业（公共课程和综合素质）的四年，应该是终身学习的加油站。

二是道德修炼。教师合作的对象是学生，面对的是一群有生命力的生灵。对于这些生灵，关注他们的成长，首先要进行道德引领。平等、爱心、耐心、关心、希望、温和、自信、感激、合作……这些都是教育的关键词。在走上工作岗位之前，要把这些与学生有关的观念内化成自己的道德内容，免得在实际工作中经过事实教训（如浮躁、轻意、灌输、体罚等后果）才去认识和修正。

三是艺术修炼。目前正在进行的课程改革对人的培养目标提出了很高的要求，仅仅是有知识或者有师德，还不足以吸引学生和熏陶学生。艺术修养将成为影响学生将来生活层（档）次的关键因素，是发展一个全面的人所必需的。退一步讲，完善自己的生活，提高自己的素质与气质，艺术修炼不可或缺。

四是角色预演。一旦踏入工作岗位，面临的将不仅是教学常规（备课、上课、作业的布置与批改、考试、辅导等）和学生的组织教育工作（班主任、辅导员、督导、家访、活动组织等），还要接受领导的监督（被检查和被考核）和学生及家长的监督（家长监督越来越强大）。如果没有角色预演，是无法承担一个称职角色应该做的工作的。因此，以公益身份提前参与到学校工作中（见习和实习）非常有必要，建议师范类学校要给毕业学生更长的见习期和实习期。

如果大学生在校期间专心读书，树立了正确的人生观和价值观，那么就会有较多参与中小学学校工作实践的机会。如果新教师所在的学校能够给他们一些谅解，允许他们从步履蹒跚逐步走向成熟与自信，那么老教师的眼光可能会变得不再挑剔，学校领导也许会在新教师的眼中变得更温和一些，和谐的成长乐章将会更快地演奏出来。

二、要养从容之心

几乎所有的校园都地处闹市，除了夜深人静时，更多时候是车水马龙的喧闹。

白天的时候，孩子们也在校园里喧闹，但这种喧闹却是一种生命的沸腾，一种成长的奔放。对于我这个做了父亲的人来讲，我愿意笑眯眯地看着这些游动的生命在不知疲倦地东奔西窜，他们没有一时的闲。其实，我们做老师的也没有一时的闲。从备课、上课、批改作业到业务学习、辅导学生活动，以及突如其来的检查评估，老师就像被抽打着的陀螺，在被动地拼命旋转，即使是琐碎的闲暇也不能使身心放松。日复一日的繁忙，使我们看不到令人神往的前途，好像只有积蓄没有消费，只有劳作没有休闲，生活中全然没有了从容的意义。

从容是什么？教师的从容又是什么？

我曾经写过这样一段文字：

> 我珍藏着一枚先前私塾的印章，方形，多年的尘埃层层地裹了它，显得很有些古色。父亲说这是某个祖上留下来的。他曾经做过塾师，桃李遍布方圆十里，当时是颇有名气的。
>
> 立时我的脑海里映出一幅画来：几间幽静的青砖飞檐灰瓦房，松柏杨柳环绕，飞鸟柳莺啼鸣。长凳方桌前，几名垂髫小子正襟危坐。长衫先生放了笔墨，持戒尺问道："今有大器五小器一容三斛，大器一小器五容二斛，则大小器各容几何？"
>
> 我想象着这位长衫先生便是我那位祖上，因此也时时骄傲，时时幻想，企图有朝一日也能文雅大度，对人侃侃而谈，做一个教书先生，不紧不慢地过着惬意的生活。

日后我真的做了老师，不过没有过上那种可以月下读书之类的惬意生活，也没有一个学生称呼我"先生"。不是我不够格儿，而是现在红尘滚滚的社会在一片喧闹中已经容不下这个对教师雅致的称呼了。先生可以不叫，但从容不可以不要。倘若没有了从容，我们也就没有了爱心、细心和耐心，而这正是教育所不能少的。在校园里，我们呵护着成百上千的正在成长的生命，给予他们知识营养使之茁壮成长，给予他们强健体魄使之生机勃勃，给予他们智慧才华使之睿智大度。细细想来，我们真的不可以缺少从容。

校外的喧嚣姑且充耳不闻，校内的吵闹就当作生机一片来欣赏。校园里有几处很好的去处：逸夫楼前的花园和育才楼北边的花园。稍有闲暇，你便可以约上一两个同事，趁着春阳暖意，去花园里走走，看冬青常绿，丛竹潇潇，藤蔓缠绕，枝条掩映。如果你再有兴趣，可以从那枝叶的杈处欣赏一下萌生出的嫩绿芽黄。那种怯生生、有点羞涩的生命，不由你不生怜爱之心。这时节，你就会忘却了烦恼，没有了疲惫，洋溢在你心中的只能是富有禅意的从容。在此能春看花开、夏听虫鸣、秋赏明月、冬踏残雪。童子三五，游戏其间，笑声、书声相闻，岂非乐之处也?

我不知道是不是每一位教师家里都有一间书房。这固然是一件很时尚的事情，但关键在于是不是一间真正的书房。夜幕降临了，在橘红色的灯光下，捻翻着前人或者今人的思绪和经历，阅读着他们展示给我们的思想和信念，避开了喧嚣，隔离了市侩。我们读得越多，从容的空间就会越大，烦躁和虚伪就渐渐远去了，不必为荣誉称号、奖杯奖牌煞费苦心，不必被这些浮华的东西挡住了眼。诚如苏轼所言“腹有诗书气自华”，即使没有漂亮与潇洒，我们还有自信与从容的气质。灯光下，宁静中，书本前，一杯清茗，一个沉思的老师，构成的必是一幅绝妙的连佛也羡慕的剪影!

读书是教师走向从容的捷径，它通往的是一所心境中的花园。鸢飞戾天者，望“书”息心；经纶世务者，窥“书”忘返。倘若灯下夜读之时，有那位举案齐眉的夫人一起伴读，红袖添香，旁边还有犬子伏案同学，真乃读书出从容，从容生意境，人生舍此何求啊!

欣赏风景是一种心情，读书是一种境界，工作也要融进这种心情和境界，俗心太重是无法享受和理解的。当你走进教室的时候，你的眼里不要有某官之公子，某富商之千金，某某生之父为引车卖浆者流，所有的学生都是健康而且活泼的孩子。迎着晨光，甚至能看见他们红润的面庞上细细的绒毛，嫩得那么可爱，呼出的气息还有迷人的乳味儿。听着稚嫩的童声，你会以为那是清脆的鸟鸣，是生机与希望的合奏。当你开始欣赏每一个孩子的时候，当你不为学生错一道题而嗔怒的时候，当你轻声提醒学生要注意读写姿势的时候，当你与学生一起“忙趁东风放纸鸢”的时候，当你看到将要跌倒的孩子而扶他一把的时候，当你蹲下身子安慰哭泣的孩子的时候……你的从容之功垂成了。

相信有了教师的从容，才会有教育的从容。

三、叫上学生名字

走上教学工作岗位，每一位教师都要面对学生。有的教师会担任一个班的班主任，有的教师会担任一个或数个班的任课老师，这样就会遇上几十个甚至数百个学生。要想体现教师的爱生之心，首先要叫上每一个学生的名字。

在日常生活中，我们经常遇到这样一种情形：如果一个不是很熟悉的领导或者多年不见的长辈，他开口便称呼你的名字，你是不是有一种被重视的喜悦感？学生也是如此，你在短时间内记住他的名字，他会对你心生好感甚至产生亲近感，觉得你是在关注他。短时间记住学生的名字，会令优秀学生表现得更好，调皮贪玩的学生也能收敛许多。"子怡同学听课很认真"和"王毅同学在走廊里大声喧哗"的褒贬效果要明显好于"我要表扬听课认真的同学，批评在走廊里大声喧哗的同学"。

我做校长的时候，经常碰见学生和父母在大街上散步。学生总是首先向我问好，我就会停下脚步，叫着这位学生的名字问候："某某同学，陪着爸爸妈妈散步呀？"如果恰巧了解这位学生的学习近况，在家长面前表扬几句，学生和家长都会连声道谢，家长脸上的喜悦根本遮不住。即使道别各自散去，也能听到家长在夸赞我竟然对他们的孩子这么了解、这么关心。但更多的时候是尴尬，因为如果不是学生向我问好或者穿着校服，我就不会知道他是我校的学生，赶紧应付两句就道别而去。家长和孩子仿佛什么都没有发生过一样，照旧往前走。每当遇上这种情况，我都会自责认识学生少，了解学生少。扪心自问，这能叫有爱生之心吗？此时的校长不过是一个任职文件上的两个汉字而已，既没有灵魂，也没有爱心。

在一次教育论坛上，就学校发展规模问题讨论的时候，我提出办学规模的标准应该以校长认知学生的水平来定。大家一听很是惊讶。我解释说，我所言校长认知学生的水平实际上是指校长认识学生的数量。如果一个校长能叫上 200 个学生的名字，他就办 200 人的学校；如果校长能叫上 1000 个学生的名字，他就领导 1000 人的学校。这个观点虽然有点像奇谈怪论，但不无道理。因为教师叫不上学生姓名，校长不认识自己的学生，教育之爱就是荡然无存的，还妄谈什么办学理念和教育教学！

再延伸一个例子，就是我和儿子的对话。当时儿子没有跟随我上学，而是因家庭住址而被划分到另外一个学区，上了一所规模很大的学校。我问儿子："孩子，你认识你们校长吗？"回答说不认识。再问："你认识你们副校长吗？"回答说不认识。继续问："你认识你们教务主任吗？"依旧回答不认识。我问儿子你认识谁，儿子说："我只认识教我课的老师和那些抓我们的人（政教处管理学生的老师）。"

希望有温度的教育，就先从叫上学生的名字开始吧。这样学生也会把你记在心里。

四、尊重学生隐私

爱学生就是尊重学生，尊重学生就是给他们留脸面。

在我的学生生涯中，曾遇到过几位经常讽刺、谩骂学生的老师，给我们留下了不好的印象，被讽刺、被体罚的学生至今心里不得释然。我所教的学生中，有的父母离异，有的家境贫寒，有的长相不好，这些都是需要教师格外关注并保护其自尊心的。比如在提到“爸爸妈妈”的语境里，面对单亲家庭的学生就要表述为“家长”；定制校服或演出需要统一服装，一定要对家境不好的学生察言观色，谨言慎行；在运动场上，我一定会坐在身体有残疾的学生身边，带着他为同学加油鼓劲；有的学生一旦有违纪或者其他过错，批评的方式要有幽默感，发怒是不可以的。

有一个早恋的男生，学习成绩下降很快。班主任老师非常恼火，借这名学生作业完成不好为由在课堂上公开批评，把他早恋的事情公之于众，导致该生恼羞成怒，摔门而去，造成了尴尬被动的局面，谁也无法收场。尽管后来并没有酿成大问题，却变成了教育教学中的一场闹剧。学生早恋固然不妥，因早恋影响了学习也很不应该，但在这种情况下，班主任应该沉着冷静，慢慢地解决这个问题。试想一下，早恋是学生的隐私，这种事情瞒得了家长和老师，但瞒不过所有的同学，当事者就是把头扎进沙子里的鸵鸟，认为其他人不知道而自作聪明。同学们心知肚明的事情最好不要当众揭穿，班主任借机批评并挑明，使该生在同学面前无地自容，更令他不堪的是在心仪的女生面前被老师贬毁，所以恼羞成怒是这位男生的应激反应，造成了不好收拾的局面，这不能不说是不尊重学生隐私而造成的教育失败。

学习成绩也是学生隐私的一部分。学校和教师过去都把学生的考试成绩张榜公布，对学习成绩优秀的学生来说是一种激励，但对学习成绩不好的同学来说就是一种羞辱。虽然说是知耻而后勇，但实际并没有起到应有的效果。不张榜公布是保护学生的自尊心不受伤害，也是对“隐私权”这一法律意识的觉醒，教育部门明令禁止给学生成绩排名，只有学生知道本人的考试成绩，这是正确的。一部分教师不认同教育部门的做法，认为这样做虽然保护了部分学生的隐私和自尊心，但同时也消磨了一些学习成绩好的学生的积极性，竞争应该在学习中存在才是合理的。

我基本同意这部分教师的意见。保护隐私和自尊心固然正确，但鼓励先进的应有之义却不存在了。我认为较为恰当的做法是先进要上榜、后进不出现，这才是激励和保护的平衡点。举一个类似的社会例子：世界和国内经常发布富豪排行榜，鼓励社会精英在你追我赶为社会创造财富的同时，为扩大自身财富而努力；不发布贫穷排行榜，工薪阶层就不会在凤毛麟角的富豪面前相形见绌，相反我们这些非富豪还会对真富豪喝彩。富豪排行榜年年发布，工薪阶层没有人觉得自己没有登榜而自卑，甚至丧失生活的信心，反而依旧为获得美好生活而继续努力着。

五、研究学生心理

教师教学的对象是学生，教育学生就必须要研究学生的心理，而研究学生的心理要有科学依据，这个科学依据就是心理学理论。很多教师很怕学习复杂难懂的心理学，即使学习过了，也是理论归理论，实践归实践，两者合不到一块儿，挫败感很强。有一个很实用的办法，就是借助现在的各种媒体，收听收看心理学专家的一些讲座。这些讲座既有理论又有实战案例，启发性大。依我个人的经历，收效不错。

我有一个曾经现学现卖的例子分享给大家。

傍晚放学的时候，我站在学校门口值班，看见从校园深处走来两名男学生，一个大摇大摆得有些夸张，一个亦步亦趋紧紧跟随。我忽然想起刚看过的一段心理学讲座视频，听专家讲到青少年异常的动作必然伴随着异常的心理。我一边继续观察走路大摇大摆的那个孩子，一边急速思考这个夸张动作背后的原因。相随的学生应该是他的好朋友，不会有问题，而这个大摇大摆走路的孩子，校服拉链没有拉上，敞着怀（完全不符合学校规定），在校园里招摇过市，也肯定没有发觉我在注意他，所以他表现得很真实。

我想，这位同学出现这种有点夸张的行为，可能是今天受到了表扬或学习很顺利，可能是知道今天晚上家庭里有什么好事，或者是其他令他兴奋的消息，但我看都不像。我又迅速回忆着学校中学部学生最近发生的一些事情，判断出这个学生身上或书包里应该隐藏着大额现金（放学后购物）、MP3（一出校门就会戴上耳机）、香烟（放学后躲到隐蔽处抽吸）之类的学校禁止携带的东西。大摇大摆则是为了显示自己敢于做学校禁止的事情而不被教师发现，认为其他同学都是胆小鬼，而且自己马上就要走出校门，可以放松表现了，兴奋的心情难以抑制，所以这种心情通过异常的走路姿势进行了宣泄。

我的视线一直跟着他。当他看见我并且和我对视的一瞬间，脸上闪过一丝惊慌，但旋即装着和同伴说话的样子回避了我的目光。我喊了这个同学的名字，并向他招招手，一起进了传达室。我语气很温和，但是很坚定，趴在他耳边悄声说："请你把身上的东西拿出来吧，既不批评你，也不给你们班级扣分。"这名同学惊呆了，似乎没有反应，眼睛直直地看着我。我也回看着他，只是微笑，不再说话。僵持了一段时间，他放下背上的书包，从后腰处拿出了一把明晃晃的尖刀，交到了我的手里。我也大吃一惊，想不到他身上带着这么危险的武器。我接过尖刀仔细一看，原来是一把逼真的塑料制品。我说："×××同学，你自己说说怎么办吧。"他很紧张地解释说："老师，这是我爸爸给我弟弟买的玩具，我带回去还给弟弟。我错了。""男孩子喜欢武器，这没有错，问题是这件玩具很逼真，也有一定的危险性，既不适合你弟弟玩，你也不应该带到学校里来，让其他同学看到会产生不好的影响。你爸爸不应该给小孩子买这样逼真吓人的玩具，买个象形的武器玩具就可以了。这样，你把这件玩具带回去，交给你爸爸，让他收好或者处理掉，你和你弟弟都不要玩了。凡是学校不允许带入的东西，你以后坚决不能带！"我用一张报纸把玩具刀包好，交给了这个男生。他道了谢，和同伴离校回家了。一件事情就这样顺利处理完毕。

门卫室的保安目睹了这件事情的全部过程，望着学生的背影，他很纳闷儿地问："刘老师，你怎么知道他身上带着刀啊？"我说："我并不知道他身上带着刀，但我能判断出他身上肯定带着学校禁止带入的东西。""佩服，佩服，不愧是老师！"保安带着一脸的佩服继续和我值守。

这是我第一次真实感受到心理学知识的力量，由此也想起了我们曾经被我们当年的老师当成心理研究对象的情景。读初中时，班主任有一个习惯，就是在临近放学时开小会。比如说傍晚快要放学了，他就会稍微讲一些学习或班务要求，相当于开班会吧。他说："学习组长和班委留下继续开会，其他同学放学。"一部分同学默默地收拾书包离开了教室。这个小会开 15 分钟左右，他又说："组长们可以散会放学了，班委留下还有事情。"小组长们有点恋恋不舍地走了。班委会最多不超过 10 分钟，会后班主任和他们一起走出了教室。有些小组长很想知道班委会的内容，就在校门口等着，等关系要好的班委成员走过来，赶忙走上前去，边走边探问班委开会讲的事情。

班主任摸透了当时十几岁孩子的心理，悄然把参加小会当成一种荣誉渗透到班级管理中。这个办法使一般同学和小组长都产生了不同的失落感，而这种失落感反过来促使一般同学很想跻身于小组长之列，小组长又想跻身于班委之列。同学们都认为能参加单独的小会是一种荣誉啊！面对这种“被重视”的尊严，哪一个同学都渴望得到啊！得不到怎么办？好好学习，积极表现呗！

六、不要体罚学生

体罚是我们的老祖宗传下来的手段，所谓“不打不成材”。现在教师体罚学生的事件还时不时地见诸媒体，得到的是一片讨伐之声。现在不比过往，过去家长送孩子上学，总要叮嘱老师：“孩子不听话就狠狠地打！”当今家长送孩子上学，总忘不了拜托老师：“请多多关照！”这不仅是家长的育儿思想发生的变化，更重要的是法治观念、法律意识的进步。严禁体罚学生是法律明文规定的，体罚学生就是违法行为，这一点必须明确。我曾和老师们开玩笑说，如果说体罚能使学生进步的话，我们岂不是要变成职业打手了！

有一次，我校一名教师对学生实施了体罚行为，导致家长到学校帮助孩子维权并将此事举报到教育局。我们前前后后处理了一周时间才告一段落，可谓教训深刻。其间不同人有着不同的际遇。

当事老师：原本觉得不是个大问题，家长不会找上门来。从得知家长已秘密通过向班内其他学生调查搜集证据开始，我就不停地主动打电话向家长认错，想征得家长的原谅。为了处理好这件事情，我把家庭和工作暂放一边，带着学生到医院进行必要的检查，而且还得支付相应检查费用和治疗费用，主动掏钱为学生买药、营养品以及水果之类的东西，并天天上门进行“特殊家访”。学校领导知道这件事情后，也不断找我谈话，最放心不下的是担心家长是否会告到上级部门或捅到新闻媒体去。整个事件处理过程中，时时受着“早知如此，何必当初”的悔意煎熬……

班主任、年级组长：为了平息家长的愤怒情绪，尽可能妥善解决问题，班主任和年级组长一是不得不主动给家长打电话、赔不是，在承认老师错误行为的同时，还得帮助我们的老师说好话，取得家长的理解；二是必要时调课陪同学生到医院检查，影响了正常上课和班级管理；三是牺牲晚上休息时间陪当事教师到学生家中“家访”，了解学生休养情况，从中做好应有和必要的协调；四是召开专题班会，既要让学生明白他们所看到的事情的是非，也要尽可能维护当事老师在学生心目中的形象；五是根据学校要求和安排，与家长不断进行“调停谈判”。

学校领导：现在通信相当便捷，一旦发生问题，家长也会在第一时间“告知”校长。所以有时校长得知学生被体罚的情况和说法，不是来自我们当事老师，而是来自家长。在如此被动的情况之下，校长难以明确表态，只能先认错，再安排相关人员进行调查和处理。一是分管领导必须放下手头的任何工作（哪怕是上课的，也得先停课，这又牵连到更多的班主任老师需要为此付出），先紧急处理“学生安全事件”；二是虽然学生本身也存在或多或少的错误，但此事的确发生在校园内，甚至是发生在课堂上，我们自然理亏，领导也只有先替当事老师向受体罚学生家长赔礼道歉；三是分管领导在一段时间内，大部分精力和时间都得用于和学生家长的交流沟通之中，甚至需要“斗智斗勇”，争取更快、更好地妥善解决；四是必要时分管领导也得牺牲晚上休息时间到学生家中看望学生，与家长当面和谈，甚至有时还得承受家长的数落，同时担心家长上告，从而影响学校声誉。

结合这个案例，我给老师计算了体罚一次学生的成本：

一是师生身心健康受损。体罚学生的行为往往发生在教师怒不可遏的情况下，当时教师肯定是血压升高、心跳加速、怒目而视、声色俱厉。谁都知道发怒是一种严重伤害身体的行为。被体罚的学生，在此情此景下定然是胆战心惊、惶恐不安，虽不能说遍体鳞伤，皮肉之痛是免不了的，由此带来的心灵创伤和精神损害也不可小觑。

二是学校教师名誉受损。体罚简单粗暴，有悖于教育原则，是教师无能的表现。教师是受过专业训练的，教育学、心理学理论基础扎实，为什么在教育教学实践中就弃而不用了呢？何况教师是一个成年人，智力水平和情商都远高于学生，为什么在一个未成年人面前就束手无策了呢？这样的教师定然成不了教育艺术高明、教学方法灵活的教师。一个教师必然从属于一个学校，与学校一荣俱荣，一损俱损。一旦某个教师对学生实施了体罚行为，势必会引起学生和家长对学校的不满，向学校讨说法是其次，重要的是会产生对学校的不信任、不向往，如此学校还是知识的殿堂、育人的摇篮吗？

三是教师和学校颜面扫地。体罚学生的行为如果经媒体曝光，在社会上的负面影响会呈几何级数式地扩散，教师也会成为“名师”，学校也会成为“名校”。如果我们对这种隐性影响暂且不计，那当众道歉、公开检讨的事情是必须要做的。没有发生体罚学生行为的时候，教师是太阳底下最光辉的职业，学校是社会、家长放心，教师、学生安心的地方；发生了体罚学生的行为呢，则是教师赔礼、学校赔情。反差之大，使你高昂的头颅不得不低下。

四是一连串的经济损失。发生了体罚学生的行为，算经济账是一件趣味很低级的事情，但又不能不算。一个教师体罚学生肯定会受到纪律处分，评先评优的资格丧失了，评聘职称也会受到影响，工资薪级不提甚至会被降低。学校如果有教师体罚学生，不可能评上文明校园；如果体罚情形严重，社会影响恶劣的话，早先评上的文明校园也会被撤销，当下发放的文明奖也就泡汤了。我市（东营市）一所学校因教职工违法犯罪被取消了文明奖，导致全校教职工几百万的奖金化为乌有。所以，体罚学生也会导致利益受损。

清代冯班在《钝吟杂录》中说："为子弟择师，是第一要事，慎无取太严者。师太严，子弟多不令。柔弱者必愚，刚强者怼而为恶。鞭扑叱咄之下，使人不生好念也。"这句话的意思是，为自己的孩子选择老师一定要慎重，不要选那些很严厉的。如果教师过于严厉，柔弱的孩子会变得愚笨，刚强的孩子会变得暴戾，因为打骂之下，一定使人产生不好的想法。爱学生是教师的本分，决不能以爱的名义对学生进行体罚。

七、要给学生减负

许多教师笃信熟能生巧，所以刷题成了提高学习成绩的不二法门。特别是到期末考试和升学考试的时候，先是忙着赶教学进度，提前结课，然后腾出大量时间搞题海战术。也有的教师把这种功夫下在平时，课后书面作业一直很多，学生叫苦不迭，痛苦不堪。

2018 年两会中，陈宝生部长多次接受记者采访，其中专门谈到减负问题时说："这里我要讲清楚一些概念，一个是什么叫负担？我们讲的负担，减轻学生的学业负担，指的是违背教学规律和学生身心发展规律、超出教学大纲、额外增加的这一部分，我们把它叫作负担。在这个以内的，我们把它叫作课业、学业，叫做必须付出的努力。"

陈宝生部长讲得很对，教育部历年来的减负政策减掉的是中小学生"过重"的课业负担。问题是中小学生"过重"的课业负担就一直没有真正减下来。为啥？一个是教师们认为学习就是一件苦差事，不努力不刻苦怎么能行；二是课业负担重一点，考试成绩就会好一点。许多家长也认同这个观点。

在这件事情上我也有过思想上转不过弯来的时候。2000 年，教育部下发《关于在小学减轻过重负担的紧急通知》，提出 7 条举措。东营广播电台的记者到学校来采访，我和记者之间有过一段很"智慧"的对话。记者要我谈一下对减负的认识，我却反问道："记者同志，你们电台曾经宣传过无数的先进工作者，无数的劳动模范。那么，你们在描述他们的工作状态时，或者说讲述他们的先进事迹时，大多是用了一些什么样的成语呢?"记者微笑着，并不回答我的话。我继续说："据我所知，大概不外乎'兢兢业业''起早贪黑''废寝忘食''呕心沥血'等等之类吧?"

她颔首默认。我接着说道："这就是成绩取得的一般途径。不经一番彻骨寒，哪得梅花放清香嘛！其实孩子们的学习也是这样。既要玩得好，又要学得好，轻松不费力，这是神童，凡夫俗子可做不到。""这不过是我的个人观点，希望不要出现在你的采访内容里。你真正需要的采访内容在这里。"我把学校的 7 条"减负"措施给她读了一遍，并且给了她一份书面稿。整个采访过程，除了一句"你讲得有道理"，记者几乎没有说过其他的话。

20 年过去了，我现在的观点不再停留在当年的狡辩上，但没有能力去改变一校一地区的中小学生课业负担过重的现状。教师依旧实行题海战术，美其名曰"刷题"，认为这是提高学习成绩的主要措施。学生的书包依旧很重，家长会给孩子购买大量的学习资料。只有教育部门和学生的心愿保持一致，才能做到真正的减负。但教育部门也不愿意看到因减负而导致教学成绩下降的情况。

在现实中，有没有"低负担、高质量"的典型呢?当然有，只是很少而已，形不成以点带面的效应。一是这些教师的教学素质极高，二是对学习方法研究得很透，激发学生学习积极性和提高教学效率颇有策略，但是不能被推而广之。因为大部分教师的教学能力和思想观点达不到名师的水准，依赖的只能是题海战术。熟能生巧的"熟"永远在路上，是眼前的苟且，"巧"还是我们的"诗和远方"。

我多次组织和参加过教学质量分析会，发现教师谈的多是训练不到位、复习时间短等问题，言外之意就是题海战术运用不得力，没有一位教师谈学生课业负担承受力、学习兴趣、积极性以及身体健康如何受影响等问题。我发言的内容会"顾左右而言他"，避开如何解决教师所提出的问题，转而谈爱护学生。

为什么我把给学生减负当作一种爱学生的表现呢?因为我知道提高全班学生的考试成绩是教师个人的追求，而不是学生个体的追求；学生追求自己学习成绩的提高，希望教师能够给予他"学习不算累、成绩也很好"的诀窍，至于全班成绩如何，在学生心里并不重要；老师想的和学生不一样。我们要站在国家和学生的立场上思考问题，坚决拥护和执行教育部门关于减轻中小学生过重课业负担的政策，有为国育才的思想；关注学生身体健康，不使学生家庭作业天天连篇累牍，连他们的寒暑假也因学习任务重而变得毫无假期意义，减少学生因课业负担重而长时间持续用眼导致的眼睛疲惫不堪、近视率居高不下的状况；布置作业时讲求趣味性、时效性，不断激励学生的学习兴趣，保证学生不出现厌学情绪和学习倦怠；向那些“低负担、高质量”的教师学习，提高“当高明师父”的本领，研究如何精讲、精练的策略，把培养学生学习能力当作教学目标，使每一个学生都做“最好的自己”，如此足矣。

不加重学生课业负担，这样的教师一定会是一个有智慧的、学生喜欢的教师。

八、做好举手之劳

“太阳光，金亮亮，雄鸡唱三唱，花儿醒来了，鸟儿忙梳妆……”这首《劳动最光荣》少年儿童都会唱。从入小学开始，小学生除了学习外，还有一项重要的日常工作，那就是每周一次的值日（属于公益性劳动），专司卫生扫除、擦黑板之职。即使是在家庭中四体不勤者，也要每周在校做值日。有趣的现象也就发生了。

情景往往是这样：老师在进行口头教育和简单示范后，值日生就走马上任了。在扫地的时候，你扫过来他扫过去，几片垃圾在教室里徘徊，不到日落进不了垃圾箱。偌大的卫生区，几片落叶和纸屑零散地在那里，本来弯腰一捡便大功告成，可是值日生们很“规矩”地从这头扫到那头，耗时费力。在小学阶段，不会使用工具（笤帚、拖把）、不能有效地进行卫生扫除和做值日拖拉是三大特征。在低年级，有时爷爷奶奶成了孙子孙女值日替身的现象也屡见不鲜。

《朱子家训》开篇言道：“黎明即起，洒扫庭除，要内外整洁。”看来在封建耕读世家的礼教中，家务劳动是一项重要内容。做家务或者做农活都是很有规矩的，从动作姿势、劳动流程到劳动效果都是被家长极为看重的。《小学生守则》和《小学生日常行为规范》里都有要求小学生热爱劳动的内容，做力所能及的简单的家务活，在校则需要做好值日生。做值日生能够养成和体现“我为人人，人人为我”的服务观，体会劳动的意义，表现自己在集体中的存在价值。更重要的是，适当的劳动，可以使学生从小培养自我服务意识和生存能力，这样的劳动品质很珍贵。

我们在巡班查课的过程中，经常发现值日生因为卫生扫除耽误上课的有之，卫生区水渍淋漓（拖把太湿），黑脚印杂乱无章的有之，打扫过的地方纸屑依然散落者有之。督促班主任和任课教师加强教育和指导，但收效甚微，究其原因有三：一是教师、学生对环境卫生不重视，卫生意识差；二是教师懒于指导和示范，所以学生不会打扫卫生；三是学生在家庭中基本不干家务，缺少家长的指导和示范。

其实，指导小学生学做简单的家务和值日乃小事一桩，之所以到六年级了还不会扫地、拖地，是因为我们做家长的和做老师的不作为而已。干点儿活事小，失去教育的意义事就大了。但愿我们的小学生能够在做家务或者做值日的时候，由衷地感觉到劳动最光荣。

还有一件我们没有做好的事情，就是学生的近视率越来越高了。曾几何时，我们看见戴眼镜的人，如果不是墨镜，首先要肃然起敬一阵子，以为他或许是博学之士。现在走在大街上、校园里，眼镜遍地闪光，不再是学问的象征，而是一种普遍的眼疾了。

据有关公开的数据，小学生近视率达到 50% 以上，中学生近视率达到 60% 以上，大学生近视率在 78% 以上。毫不夸张地说，中国青少年的视力健康到了最危险的时候！我们试想一下，眼睛不好，首先影响到本人的身体健康，参加高考时填报专业受限，择业也将是个障碍。眼睛是心灵的窗户，戴上眼镜的眼睛，就像心灵蒙上了灰尘。最近我所在的城区，眼镜业十分火爆，不断有眼镜超市开业。除了眼镜业是个暴利行业的因素外，越来越多的学生因近视成为了他们源源不断的客源。某眼镜店老板曾公开说：“学校快成我们的衣食父母了。”

多么可怕的现实啊！走进我们的课堂，坐姿不正、执笔姿势不正和读写姿势不正简直就是一道可怕的风景线。我们问小学生：“同学们，读写姿势要求是什么？”同学们几乎都会说：“‘三个一’（写字时要手离笔头一寸，身体离桌子一拳，眼离书一尺），要做到。”可是我们看到同学们都没做到。做眼保健操的时候，更是五花八门，哪里去管什么穴位，两只手在脸上乱扒拉，就好像小猫干洗脸。这样做操不但于事无补，反而造成不必要的伤害。1991 年国家教委（现教育部）发布《关于加强学生视力保护，做好近视眼防治工作的通知》，《学校卫生工作条例》也将防治近视眼的工作纳入进去，要求各级教育主管部门和学校严格遵守执行。在大部分学校的教室里张贴着眼保健操的挂图和读写姿势的示意图。问题是这些措施都是形式，对学生的视力保护于事无补。原因在哪里？原因就在我们的学校领导和教师忽视了学生的视力保护工作。学习成绩姑且可以不论，总不能十几年的学习生涯结束，随着毕业证再配上一副眼镜吧。

学生课业负担重，学习时间长，是造成学生近视率居高不下的原因之一；看电视、在电脑屏幕前时间长也是原因之一。我认为更重要的原因在于我们没有很好地关注学生的读写姿势，或者说就是忽视了这项工作。再者，近几年毕业的部分师范学生教学基本功较差，自己不会执笔写字，也不懂正确的读写姿势是怎么一回事，漠然置之也就不见怪了。有的老师解释说："我天天强调要注意读写姿势，可转身学生就趴在课桌上写字了。"我在听课和巡班的过程中也确实遇到过此类现象，这是我们没有从心里、从根本上去感受学生视力对学生前途的影响。如果真的重视，反复讲，反复纠正，当作一项阶段性的工作齐抓共管，这个问题一定能解决。

家长要配合学校做好孩子的视力保护工作，幼儿园在学龄前要慎重对待写字教学，不能提前让幼儿写字。据有关专家介绍，儿童在6岁之前，骨骼、神经和肌肉发育不协调，过早写字容易埋下隐患。我们举手之劳的工作没有做好，竟然酿成了大疾，想来令人痛心。

九、习惯就是素质

我曾经读过一首名为《钉子》的小诗：

丢失一个钉子，坏了一只蹄铁；
坏了一只蹄铁，折了一匹战马；
折了一匹战马，伤了一位骑士；
伤了一位骑士，输了一场战斗；
输了一场战斗，亡了一个国家。

刚刚读到这首小诗时，我还真没觉得一个钉子能与一个国家有什么关系。再读才发现诗里寓着一个哲理，那就是：要想成功，必须从小事做起，唯有从小事做起，才能养成良好的习惯，而良好的习惯会让我们受益一生，因为习惯决定命运。著名心理学家威廉·詹姆斯的一段话："播下一个行动，你将收获一种习惯；播下一种习惯，你将收获一种性格；播下一种性格，你将收获一种命运。"我们再读汪中求的《细节决定成败》，更是为其中的习惯养成之重要而深受启发。人们渴求上天赋予自己高智商，喜欢拥有大智慧，却往往忽略了最大的智慧恰恰是貌似不起眼的良好习惯。

还有一个故事。1988 年，75 位诺贝尔奖获得者在巴黎聚会。会议期间，有人问一位诺贝尔奖获得者："您在哪所大学、哪个实验室学到了您认为最主要的东西呢?"

"是在幼儿园。"

"您在幼儿园学到了些什么?"

"把自己的东西分一半给小伙伴们；不是自己的东西不要拿；东西要放整齐；吃饭前要洗手；做错了事情要表示歉意；午饭后要休息；要仔细观察周围的大自然。从根本上说，我学到的全部东西就是这些。"

这段对话同样耐人深思。从幼儿园学到的东西，直到老年时还记忆犹新，可见留下的印象是非常深刻的，这说明从小养成的习惯会追随人的一生。

作为一名教师，尤其是在做了教育管理工作后，我经常在反思自己的教育行为。我的起早贪黑，我的兢兢业业，我的苦口婆心，到底给了学生什么？回头一看，不过是听说读写的一些记忆与训练罢了。学生将来会因这些听说读写的本领而受益吗？我这些年来所谓的教书育人是不是随波逐流呢？想来很是惭愧。因为在一次学校班主任工作研讨会上，老师们列举了许多学生在学校和公共场所的不良习惯，具体表现有以下几种：贪图享受，不愿吃苦，甚至连背书包、做值日和走路都懒得去做；读写姿势极其不正确，屡教不改，对其造成的危害视而不见；不爱护书本和公共财物，甚至以损毁为荣；在公共场合大声喧哗，丝毫不顾忌别人的感受；等等。我经常在扪心自问，这难道就是我们在大力倡导素质教育形势下教书育人所造就的人才?

2003 年，我在实验小学担任副校长，就把学生的读写姿势和书写规范变成了考试内容之一，以此把所有的任课老师绑在了学生学习习惯养成的战车上，试图用考试来逼迫学生养成一个良好的学习习惯，但收效不大。2006 年，我又把台湾一所中学实行的"动静分明，内外有别"的校训移植过来变成规范学生行为习惯的管理办法，在中学部推行"学生义工"，号召中学生利用节假日进行社会公益劳动，以达到从小修身的目的。因为从十几年的教学经历中，我认为教育应该有厚度、有内涵，学生的学习习惯和行为习惯养成是教育的首要任务，是实施素质教育的基本所在。我的观点是，一个学生的行为习惯，包括坐立吃行、待人接物、合作帮助、卫生健康习惯，是外显的、气质性的，外人一看便知，一试便知；学生的学习习惯，包括读写态度、学习动力、学习策略、学习实践习惯，是内向的、心因性的，将来可以迁移到工作中。

我仔细研究了一下我国颁布施行的《中小学生守则》10条和《中学生日常行为规范》40条后发现，虽然内容全面，但缺乏可操作性，务虚的东西太多，思想说教太多，最后只能变成一纸空文。我认为在习惯养成教育过程中，规范的制定应当从小处着手，要务实不要务虚，使学生易于学习和付诸行动。应该像一个聪明的老师正在手把手地教你做事：路该这么走，书该这么读，人该这么做，很明确，很具体，便于学生心领神会，而不应该像一个自作聪明的老师在手舞足蹈地对小学生卖弄自己的才华，照本宣科，盲目地大谈高深的为人之道，不考虑受教育的对象是些什么人，大道理说了一大堆，表面上又庄严又神圣，可是实际上又模糊又抽象，让学生觉得一时摸不着头脑，不知道从何处实行。

前几年倡导恢复国学的时候，我有幸参加了山东大学出版社和山东省教育社联合组织的"国学启蒙"教材的编写工作，并担任了其中一册的主编，由此也阅读了很多儿童蒙学读物。我很推崇《弟子规》，因为我发现其中的多数规矩小时候都被大人教导过，因此看到它觉着很亲切，也说明了《弟子规》在民间的影响之大。《弟子规》中关于少年儿童的学习习惯和行为习惯都有明确的规定，比如行为习惯：或饮食，或坐走。长者先，幼者后……称尊长，勿呼名……长者立，幼勿坐。长者坐，命乃坐。尊长前，声要低……晨必盥，兼漱口。便溺回，辄净手。冠必正，纽必结。袜与履，俱紧切……勿践阈，勿跛倚。勿箕踞，勿摇髀。缓揭帘，勿有声。宽转弯，勿触棱……比如学习习惯：读书法，有三到。心眼口，信皆要。方读此，勿慕彼。此未终，彼勿起。宽为限，紧用功。工夫到，滞塞通。心有疑，随札记。就人问，求确义。房室清，墙壁净。几案洁，笔砚正。墨磨偏，心不端。字不敬，心先病。列典籍，有定处。读看毕，还原处。虽有急，卷束齐。有缺坏，就补之……

我绝没有要把《弟子规》替代《中小学生守则》的意思，但如果要按照《中小学生守则》提出的时代要求和《弟子规》中的民间评价规则结合起来，学生做到坐有坐样、站有站相，长幼有序、尊老爱幼，热爱学习、自觉学习，岂不是一件美事？我们的教育如果不从这些习惯养成出发，还奢谈什么教育教学质量？学校教育的目的是什么？我想可以用四个字概括，就是使我们教育出来的学生做到"知书达礼"，既要让学生学习到文化科学知识，又要有一个良好的行为习惯和学习习惯，这也就是教书育人的内涵所在，更是素质教育之要义。

作为一个教育工作者，绝不能漠视学生的种种不良习惯，只把眼睛盯在分数和升学率上。我们要为我们的民族形象和民族前途着想，素质教育要从培养学生的行为习惯和学习习惯入手，这是真正的以人为本。习惯必须从小抓起，受益终身，学习可以终身，考大学可以七十岁考，但习惯决不能等到七十岁再培养。

十、学习教育理论

教育理论是教育行为的先导，是教育行为科学意义上的经验和预知。教育教学是人类延续文明和创造未来的社会需要，是有规律可循的行为。这些规律能够古今中外通说通用，我们做教师的不能不学。

孔子是教育的“至圣先师”，他所提出的教育理论意义重大，需要认真学习，深刻领会。例如，“有教无类”，就是要求我们关注每一名学生的成长，不能有歧视和偏爱；“因材施教”，就是要求我们对学生不能一把尺子量到底，要理解每一个学生的天赋、兴趣和爱好，让每一个学生做“最好的自己”；“学而时习之”，不是要我们“温故而知新”，而是要注重教育与实践的结合，做到“知行合一”。苏霍姆林斯基是公认的伟大的教育家，他所著的《给教师的100条建议》完全来源于他的乡村教育实践，语言通俗易懂，但内涵深刻，仅仅读是不够的，还要结合教师的个人实践边读边思，才能有所收获。比如他所说的：“优秀教师的教育技巧的提高，正是由于他们持之以恒地读书，从而不断地补充他们知识的大海。”“教给学生能借助已有知识去获取知识，这是最高的教学技巧之所在。”这不正是在说“举一反三”和“授之以鱼，不如授之以渔”的道理吗？不管是美国的杜威，还是中国的陶行知，不管是现代的蔡元培，还是当代的李吉林，他们所倡导的教育理论和教育实践，在本质上都是对教育内涵解读的一以贯之和教育行为科学性的高度吻合。

当一名教师明白了教育理论是建立在教育行为上的科学建构，就不会把教育理论拒之门外。当然，有时候出于需要，我们会被动地去学习，但收效不是很大。我要讲的是应当把“要我学”变为“我要学”，自觉地把学习教育理论当作自身发展的需求。如何激发自觉学习教育理论的行动呢？一是主动发现教育教学中的问题。比如说，为什么小学一年级要实行“零基础”教学？家庭书面作业是必须的吗？学生智商重要还是情商重要？跨学科教学如何组织？课外阅读对语文成绩有多么重要？……这些都是司空见惯的问题，一般教师没有发现，更没有进行深入思考。当被咨询时，一定会表现得支支吾吾，似乎知道一点，但确乎又不明了。如果要想把这些问题搞清楚，必须向教育理论追求答案。如果这个问题是自觉发现的，学习教育理论就一定要成为自觉行为。二是要善于把发现问题的答案书面表达出来，“高大上”的说法就是撰写教育论文。论文要有论点、论据，还要有论证过程。论点是否科学，论据是否可靠，论证是否符合逻辑，这时候仅有直接的、浅显的教育行为和常识显然不够，要去翻阅大量的理论书籍，还要寻找大量的写作素材，主动学习。

我们不期求自己一定要成为教育家，但要成为一名合格的、专业的教育工作者则是必须的。倘若没有教育理论的指导和引导，就有可能造成发展与成长道路上的曲折，甚至南辕北辙。看看我们身边那些教有所成的教师，没有哪一个不是通过在教育教学中深入思考和认真学习而取得骄人成绩的。

第二章　教学的求实思考

教师的首要任务是教学。教学工作做得好，需要有一个爱思考的头脑，决不能照本宣科。课怎么备？备课时教材怎么处理？教材中的课后题如何用？上课的时候怎样执行教案？我的课堂效果会得到认可吗？课堂上那些热热闹闹的小组合作学习真的有必要吗？观摩名师的课，心里很羡慕，有冲动，也想成为一名教学能手，问题是向名师学些什么呢？没有理论，只有实践和感想，我来告诉你怎么解决这些问题。

一、教材要越教越厚

有人会疑惑这个话题的提出，教材是教学的一个资源，教师固然要学，但学习的主体应该是学生。有过教材编写工作经历的人都知道，教材中内容的安排是教学内容体系的具体呈现，每一个内容为什么被选择、为什么被安排在这一册、（如果是曾经的教材内容）出现了怎样的变化，课后题、插图、提示语等，都有深刻的含义，都是许多专家殚精竭虑、反复论证的结果，绝不存在随意和轻率。既然教材内的学问这么大，那么学好教材就成为教师学习的重要内容。我曾对有些不愿对教材做深入解读的教师讲，你不仅要学习研究当下所教的教材，还要学习研究所属学段的教材、全学段的教材，这样你才能把握整套教材的知识编排体系，才能清楚地知道教学目标的定位。凡是清楚整套教材知识编排体系的，就是那个站在麦田里的人，一览众山小；凡是只了解当下所教教材内容的，就如同走在青纱帐里的人，只知道往前走，不知道走在何处，也不知道走入了多少距离，更不知道还有多少距离才能走出青纱帐。在指导新教师解读教材时，我也会帮助他们去理解编者意图，去挖掘教材涵盖的所有内涵，然后择而用之。叶圣陶先生说过：“教材无非是个例子。”这个例子的作用非常大，一定是要先用好这个例子。在此基础上，从教材出发，一定要去关联和教材相关的内容，拓展和丰富教学资源，使教师所教的、学生所学的形成一个巨大的主题学习资源包，把教材变厚。

二、现实备课的反思①

我从事教学工作多年，其间经历的教学常规改革不少，但奏效者并不多。说起现实的备课更是有难言之隐，就像摆在那里的一个插着假花的花瓶，人们只是赞美它的美丽，很少有人说它是假的、无实用价值的摆设。可能有人会问，备课不就是在教学工作中一项极其普通的工作吗？有教材，有教参，根据学生学情和教学进度写出教案不就结了吗？有何难哉？在我看来，现实的备课现在存在着两大问题：我们写教案，但真的是在备课吗？上课仅仅是为了执行教案吗？

那时我们不懂备课

刚参加工作的时候，不光老教师教导我，就是书本上也说，备课要备教材、备教法、备学生，按照教学目标、教学重点、教学难点、教具准备、课时安排等环节写在教案本上。上课的时候，很有学问似的夹着备课本和教材走进教室，站在讲台上。至于是否按教案讲下来，也是一个不太好说的话题。记得那时候，寻一本特级教师的教案，依样画葫芦般地抄下来，说参考一下那是冠冕堂皇的说法，其实大大超出了参考的概念。这样做的老师不在少数，为的就是完成教导处布置的这个教学常规环节。备课的优劣，大都区别在谁的书写更认真一些或写得更详细一些。那时候对教参和特级教师的教案是很尊重的。教参是方向，是航标，是结论，特级教师是榜样，唯独我们自己缺少了自信。等到上课的时候，课堂教学秩序需要组织和维持，突发事件需要处理，进入教学环节的时候，用自己的口念别人的经，该是何等的别扭。不过别扭归别扭，别扭总比寻找自信和自主容易得多。所以前些年的备课，大多是吃着别人嚼过的馍过来的，显得营养不良。除了学生的考试分数还可以外，学生的学科素养并没有多少提高，好在大家也习惯了。

① 刘知晓：《现实备课，一个应该打碎的花瓶》，载《山东教育》（小学刊）2006Z4 期。

课改让备课更加难

新的一轮课程改革开始了。报纸、广播、电视、专家讲座、领导发言、专著诠释等一股脑儿地轰炸我们，好像他们是蓄谋已久的先知一样。印象很深的就是要把握好知识和技能、过程和方法、情感态度价值观；备课要有预设和生成的空间；上课要创设学习情景；要分组学习，让学生体验知识形成的过程；要少讲，多讨论，要形成生生、师生之间的多向互动……所有这些设计要体现在备课过程中。难啊！你想想看，广大的一线教师接受课改专家指导的有几人？仅凭几个讲座、几篇文章和校长主任的灌输解决不了新课堂的问题。好在老师们会对付，凭着越来越多的教学参考资料和网络上无穷尽的教案，要么继续抄袭，要么下载，怎么省事儿怎么办。山东省小语教研员李家栋老师曾经讲过他的一次经历。他到省内某地询问一线教师怎么备课，老师答道："先浏览几遍课文，再找点教参看看，最后抄抄教参。"李老师这次问的是一个老师，倘若他要询问一遍山东省的所有小学老师，照实回答得有80%的老师的备课状态是这样的。如此，新课改怎么推？真的是这样，不光新课改没有深入人心，而且备课依旧是老样子。

现实的备课是如此艰辛

尽管有相当多的教师备课遵循着参考（抄袭）仅仅是为了完成教学常规的任务，是为了应付检查，但也有一小部分教师经历了真正的备课，那就是真心研究教学的人或者是承担了出公开课的任务的人。我们很真实地感受到，学校内某一同事接受了出课的任务，他一定会认真研读教材，一定会翻阅大量的资料，一定会三番五次地试讲，一定会虚心请教，一定会分析学生上课时的心理状态，一定会自制或者请人制作精美的课件。可以这样说，一次较大规模或者较高级别的公开课，一定会使出课的老师经历一次心与火的磨难，一种脱胎换骨的考验，一种紧张得神经兮兮的感觉。所在教研组或者学校也一定是全民皆兵，"一切为了前线"的气氛要笼罩一阵子。每当这种工作结束的时候，当事者如释重负，他会深有感触地说，真正的备课竟是如此艰难。但那些极少数的教学敬业者不用扬鞭自奋蹄，在备课时会认真地分析教材、学情，思考学生易于接受的感兴趣的教法。时间长了，他会渐入佳境，不会认为备课是一种负担。可这毕竟是少数，代表不了一线教师的大多数。

教师备课空间面临窘境

按照目前人事部门给小学核定的编制，是远远不能满足小学教学的需要的。小学的状况是这样的：开设课程越来越多，需要的专任教师也越来越多；城镇小学的班额越来越大，迫于编制紧缺而无法扩班；小学教师的周工作量一般在15课时到30课时（农村包班）不等。小学教师每上1课时课，至少需要3课时的备课时间，2课时的作业改评和辅导时间。如此一算，小学教师一周得工作90课时的工作量（合计15天），这还不包括业务会议、各种名堂的培训、课外活动辅导和其他应急性的任务。时间对每个人来说都是公平的，不可能小学教师的生命时长是可以膨胀的。作业批改是硬任务，绝不可以减少，只好要么在备课这个环节上缩水，要么回家废寝忘食，反正多数教师最终应付个结果，也算是对教导处有个交代了。

备课状态的改善关键在于心境

由此观之，多数学校、多数教师的备课情况是不容乐观的，应付、肤浅是目前备课状态的基本特征。备课不认真，上课自然不会执行教案，信马由缰，当然不会有好的教学质量。所谓的高分，大部分是通过高课业负担实现的。减负为什么不能有好的改观，关键是没有抓住提高教师素质、认真备课这个根本。可是，一个令人费解的现象就是某学校加大改革力度解决备课难题的经验经常见诸报端，这些文章认真读来，不过是“皇帝的新装”而已。作为一种声音，备课改革甚至要革备课之命的呼声也在媒体上发布。从一线教师的埋怨声中也可窥豹一斑，备课成了一个应该打碎的花瓶。

但是，有个观点我是要坚持的，那就是同样面临着工作量大、时间少的问题，手头也不乏教学参考资料，有些教师却能够艰难地站立起来，在困境中一步一个脚印，认认真真备课，认认真真上课，成为一所学校乃至一个地区深受学生欢迎的、被广大教师认可的名师，那就是因为他们敢于驱走压在自己身上的倦怠，用不畏艰难的心态来正视自己的教学工作。正所谓“有志者，事竟成”。

备课的真实面目应该是这样

我们从现实走出来，翻开苏霍姆林斯基的《给教师的一百条建议》。苏氏说，我认识几十位这样的教育能手，他们的教育素养从备课中就能看出来。他们仔细地思索过教学大纲以后，就把教科书里有关章节读一读。他们这样做是为了把自己置身于学生的地位，用学生的眼光看教材。他们的课时计划里并不写叙述（讲解）的内容，而只写一些为了指导学生的脑力劳动所必要的关于课堂教学过程的细节的简短的纪事。他们对于课堂上所学的自己那门学科的起码知识了解得如此透彻，以至于在课堂学习过程中，处在他的注意中心的并不是所学的内容本身，而是学生的脑力劳动，是学生的思维以及学生在脑力劳动中所遇到的困难。

从苏霍姆林斯基的观点中可以看出，教学大纲（我们姑且理解为课程标准）要认真研读，从学生的学情来分析教材、设计教学。但对于教学内容来说，教师一定要有一桶水的容量，才能达到上课不是执行教案，而是执行教法，那一滴水才会不浪费地滴进学生的心田，甚至还会产生辐射性的正作用。所以说，备课不是形式，是过程；不是写在备课本上或者敲进电脑里，而是准备在教师头脑里；不是一课时或者几课时的时间问题，而是一种专业钻研的敬业精神；检查备课不应该放在教师这个环节，而应该放在课堂和教师所教育的学生身上。

后缀语

我的文章在“教育在线”网站的论坛一发，立刻有网友跟帖。“木旦”说：“备课等于抄教案，这是现状。”“东桥玉米”说：“时间和精力是小学老师最大的问题，每周的课时量很大，作业批改的任务也很重，往往一个真正有价值的备课比在白纸上写下几页漂亮的钢笔字所耗费的时间要多得多，所以备课有时候只是用来展示老师们的书法，老师们都深知这个道理，但是又有着许多无奈！”颇有资历的“快乐行者”并不快乐，也在抱怨说：“备课应该是为上好课而做好较为全面的准备，但是，现实中它已经变味了，演化成了机械地抄教案，耗费时间和精力，而且助长了教师颈椎病的发病率。最重要的是很多教师抄教案只是一味地抄下来，至于抄的什么，可能自己都不知道。如果把时间节省下来，我们可以到网上去查点相关的资料，去好好琢磨琢磨我们如何教学生。但是，领导又不放心了：看不到物质的东西，怎么知道你的精神上有没有行动。一言难尽！无奈！”还是网友“晴朗的夜空”一语中的：“只有心中懂得教育的真谛，才能知道备课要做的是什么！”

“后人哀之而不鉴之，亦使后人而复哀后人也。”教育行政部门的管理者和学校的管理者要积极为教师创造良好的工作环境，不要把教师控制在课堂上，控制在各种杂务上，而是要营造和谐的环境。可以是独立备课，也可以是集体备课，形式并不重要，重要的是该引导教师改变工作心态，鼓励他们在专业上成长，只有这样做，备课的问题才有望得到解决，学生才能获得轻负担、高质量的教育。

三、课程标准和课后题

课程标准的前身是教学大纲。我刚参加工作的时候，就是依据教学大纲来教学的，接受培训的内容之首就是教学大纲。现在我们教学的首要依据是课程标准。原来我们对课程标准的重要性和作用认识不足，甚至有的教师对课程标准“只闻其名，未见其面”，在教学中作为依据就更谈不上了。为了引导广大教师重视课程标准，我们组织过分学科的培训，还组织过“基于课程标准”的教学比赛，试图改变教师对课程标准的不见和轻视。在组织中考命题时，强调课程标准是命题的主要依据。为什么不遗余力地来宣传课程标准的意义和推广其应用呢？原因就在于多数教师对课程标准没有进行系统学习和深入研读，也不清楚在教学中如何应用。在一次业务学习中，一名听课的教师就向我提出了一个问题：课程标准中只体现了学段的教学目标和要求，没有细化到学年、学期，更没有细化到每一课，任课教师如何去落实每一课的课程标准要求呢？我说，我刚参加工作时产生过和你同样的疑问，然后我就去研究这个问题。我把课程标准（教学大纲）和教参、教材一起研读，最终发现每一课的课程标准要求都体现在课后题里。课后题可以说是内涵丰富，其中包含着教学目标、教学方式、课时任务分配等内容。

前几天听过一节语文课，课题是部编版七年级上册《从百草园到三味书屋》。根据课程标准和年段学习要求，一般会把本课教学目标定位为：一是学习默读，整体感知文章基本内容。二是精读“百草园”和“三味书屋”两部分，品味准确、传神的语言描写。三是抓住重点句段，理解作者思想情感。任何一位语文教师，仅靠以上三个轮廓化、粗线条的教学目标，无法备出 2 ~ 3 课时的教学内容。所以，我们可以依据以下课后题，合理安排和选择使用，使教学目标具体化。

一、默读课文，讨论问题。

1. 分别找出百草园和三味书屋两部分的起止句。想一想，这两部分是怎样连接起来的？

2. 文中说，百草园“其中似乎确凿只有一些野草；但那时却是我的乐园”，“乐园”之“乐”表现在哪些方面？

3. 试用一两个词语概括三味书屋的生活，并结合课文内容说说你的依据。

二、有人认为美女蛇的故事是赘笔，没有必要写。你是否同意？请简要说明理由。

三、文中的“先生”是一位“渊博的宿儒”，但他对“怪哉”这虫是怎么回事却不予回答；他有一条戒尺，但是不常用。先生还有哪些看似矛盾的表现？你怎样评价这位先生？

四、朗读并背诵第 2 段描写百草园的文字，完成练习。

1. 这一段写景物，有近景，有远景；有静态，有动态；有视觉、听觉，还有味觉。百草园的一切，在少年鲁迅的心目中显得那样生机勃勃，情趣盎然。试据此对这一段景物描写的方法做简要分析。

2. “不必说……也不必说……单是……”中，哪个内容是强调的重点？前两个“不必说”在表达上有什么作用？

3. 仿照这段文字，描写一处景物，用上“不必说……也不必说……单是……”这个句式，并注意合理安排描写的顺序，运用多种描写方法，200 字左右。

五、文中那个活泼可爱、尽情玩耍的小鲁迅宛在眼前，你看到文字后面那个拿笔写作的“大”鲁迅了吗？你觉得这个“大”鲁迅是带着怎样的情感来写本文和《朝花夕拾》中其他文章的？请结合本单元后的“名著导读”栏目的相关内容谈谈你的认识。

且不说教材安排的课后题体量大，足够2～3课时使用，我们只要把课后题对照一下依据课程标准拟定的教学目标就可以发现，所有目标都在课后题中有体现、有落实：课后第一题对指着目标一、目标二，第四题对指着目标二，第三题和第五题对指着目标三。可以这样说，课程标准很概括，但都通过教材体现在课后题中；课后题很具体，但是处处体现了课程标准的要求。

课后题不仅落实了课程标准和教材的教学目标，还把课程标准中要求的“自主、合作、探究”的学习方式建议得清清楚楚，像课后题中提到的默读、背诵、思考、讨论、口头表达、书面表达等。所以，请大家把课后题与课程标准中的年段学习目标以及教学建议对照一下，看看我的这个发现“专利”是不是很有用。如果每一位教师明白了课程标准是教材编写、教学和考试命题依据，就一定会把课程标准的学习与课后题的研读重视起来，而且会当作备课前的首要准备工作来对待。

四、高效课堂是什么

2012年12月，我随队参加了由南京师大教师教育学院组织的全市教研员培训班，聆听了10位专家的精彩报告，对新课程理念、课程改革的实施以及教研活动的组织都有了一定的新认识。其间，南京市白下区教研室的蔡建明老师、南京市教科所肖林元所长和南京外国语学校的陈光立老师都谈到了教学模式和高效课堂的问题，对我很有启发。

我曾经读过一则关于课程改革的材料，列举了一节体育课例。这节体育课学习的内容是苏格兰民间婚礼上的舞蹈动作。从教学内容上看，我们觉得本是音乐课的内容，怎么会变成体育课的内容了呢？看完课例我们才明白，舞蹈的动作既有观赏性、娱乐性，也有运动性，是完全符合体育课的教学要求的，以婚礼舞蹈之名，是为了增加学生学习的兴趣。学生们在课上手舞足蹈，嘻嘻哈哈，老师也不太注重舞蹈的艺术特点，就是让学生赚了一身汗。在我们看来教学效果实在是差，但在他们眼里是一节可圈可点的好课。从这节课例中，我就接受了一节好课、一节高效教学课的评价标准：一节好的体育课，一是有笑声，二是有汗水，学生学得愉快，运动量也达到了，没毛病！

这几年，我听课的机会很多，也参加了很多评课活动。我在听课的时候，一定是坐在学生的身边。不管学生是自学还是讨论，不管是回答问题还是演算习题，我都会感受到学生最真实的学习过程和在学习过程中的表现。因为我觉得，听一节课的目的是了解教学情况，而不是仅仅为了评价教师。在我们很多的教学管理措施中，听课的目的是检查教师上课的常规项目，是为了给教师打个分，评价的指标也不自觉地停留在教师形象、语言、板书和教学效果上，至于学生的学习过程和表现，往往是被忽略的。

正是因为有这样的评价导向，才导致许多教师在课堂教学方面迟迟转变不了自己的观念，更改变不了自己的教学行为。比如说备课的时候，几乎是百分之百的预设，生成的成分几乎没有，全凭着感觉去“碰”。我见到有一些教师在备课的时候连自己的开场白都写下来，在设计问题的时候，一定是千方百计让学生回答到“点上”，新课程的开放性和生成性的理念一点也没有体现出来。

我经常给老师们举例说明教学过程的有效性，就是殊途同归的道理。比如我们想从甲地到乙地，路线肯定不会只有一条，乙地就如同我们的教学目标。学生的学情不一样，思维方式也不一样，允许有远近不同的线路，即使是绕个弯到达，也是好的，不走老师设计的线路也是可以的。我们评价教师的课堂也是一样的道理，老师的教学水平有高有低，达成的效果也可能不一样，我们也要弹性评价，只要到达目的地就行。当然在其中老师要引导学生舍远求近，高效课堂就是追求用最小的代价取得最大的成效。

在评价课堂是否高效的问题上，要坚决摈弃南辕北辙。即课堂上不要只有表面上的热闹非常，师生活动频繁，而是要看他们是不是奔教学目标而去呢。现在的很多教学模式，用蔡建明老师的话来讲是“来势汹汹、乱象丛生”，出现了所谓的“四环节”“五环节”，甚至有“N环节”。如此，课堂评价标准也就变得项目繁多，从教师的语言、板书、运用的手段，到学生的回答、书写、演练，甚至于站位，无微不至，面面俱到，一节课评下来，老师无所适从。这样的评价标准不是解放了老师和学生，实际上是在禁锢老师和学生。拘谨如此，怎能出来高效课堂?

有一位年轻的数学教师小心翼翼地向我请教，说他在教“一元一次方程”时，上得很随意、很率性，担心教务主任会给他不好的评价。我就询问他课堂上学生学习情绪如何，教学效果如何。在得到肯定的回答后，我告诉他这是上了一节好课，因为一节好课的评价标准就是学生学得有趣，教学效果突出。我的这个观点得到了南京市教科所肖林元老师的认可，因此可以形成一个共同的认识，那就是一节高效的课堂，必然是学生学得起劲并且学有收获的课堂。

为什么要把学生学有兴趣放在评价一节课堂是否高效的标准首位呢？因为兴趣是最好的老师，感兴趣是学好这门课、这堂课的前提和基础。我国是一个崇尚苦学的国度，“头悬梁、锥刺股”，“书山有路勤为径，学海无涯苦作舟”，“苦”是我们达成良好学习效果的途径。现在很多学校和老师仍然在拼时间、拼数量，全然不考虑教学方法和教学方式的改进，更不会去考虑学生学习兴趣在学习中的重要作用，虽然在教案上有“激趣导学”之类的环节，但有相当一部分教师不会去激发学生的学习兴趣。创设学习情境，使用多媒体教学手段，讨论、表演等方式，固然可以激起学生暂时的学习兴趣，但并非长久之计。要真正激发学生的学习兴趣，还需要研究学生的心理，以“智”激趣才是源头活水。我们见过许多特级教师和专家上公开课，无不以趣导学，是用智慧去激发学生的学习欲求，引导学生心甘情愿、不知不觉地投入到学习过程中去。学习效果好自然是我们教学追求的目的。南京外国语学校的陈光立老师之所以取得了优异的教学成果，有一个很重要的窍门就是激发学生的学习兴趣。

一节课下来，虽然课堂容量也大，师生活动也很顺利，但效果未必就好。在课堂教学管理中，有些地方实行当堂测试，有的实行阶段性测试，结果并不尽如人意，这就是低效课堂和无效课堂的表现。难怪吕叔湘评价语文课教学：“十年时间，2700 多课时，用来学本国语文，却大多数不过关，岂非咄咄怪事?”吕老的这句话说自 40 年前，可是我们经过几代老师的努力，仍然解决不了教学效率低的问题。我想这是教学观的问题，也是教学能力的问题。新课程改革又把这件事提到议事日程上来，就是让我们更加关注高效课堂的问题。把高效当成评价课堂教学的重要标准，这是十分切合实际的。我们不应该把课堂教学的评价关注点放在一些细枝末节上。

肖林元所长谈到评价一堂好课的评价标准时，从学生的维度提出三个目标，即教学要使学生“要学”“会学”“学得牢”。“要学”就是学生要学习，实际上就是要学生学有兴趣，应从学生在课堂上的“参与度”“兴奋度”“愉悦度”来考评；“会学”要从“思维活跃度”“思维成功度”“思维量的大小”来考评；“学得牢”是指学生的基础知识、基本技能和基本思维都有一个扎实良好的体现。前几年有人把小学课堂生动地描绘成“小手高举、小眼放光、小脸通红、小嘴叭叭”，我也把中学课堂描绘成“一本正经、深思熟虑、沉着表达”。

我把肖所长的话简而言之，还是归结到“学有兴趣、学有成效”上来，把评价高效课堂的标准再简化成如同体育课的“笑声 + 汗水”的评价一样。其实，简单的标准并不是坏事，可以解放师生，追求结果。有人会怀疑这样评价课堂会不会忽略了教学的过程，料也无妨，因为按照“学有兴趣、学有成效”的标准去做，必然会产生一个科学、和谐的过程。

五、几个教学小窍门

（1）教师范读，绝不是一个展示自己阅读才能的形式，它是一个针对学情的必要的教学环节，是一种教学技术手段。范读的时机一般出现在三种情况之下。

第一，果学生在读文过程中，阅读的障碍还没有扫除，特别是低年级学生，自学能力还不强，仅靠自己的力量尚不足以做到音准句顺，这个时候教师的范读就显得特别重要，但目的仅是帮助学生扫除阅读障碍而已。高年级学生扫除阅读障碍的任务必须自己完成。

第二，当学生基本没有阅读障碍，但文章的情感没有读出来时，教师的范读目的是为了帮助学生定准文章的感情基调。

第三，文章确属文质兼美，不读不快，就像三味书屋的先生一样，教师尽可以通过范读的方式感染、熏陶学生。

（2）学生课堂上的动手有多种表现形式，如以练习为主的书写、实验操作、手工制作等。课堂动手环节如何指导学生，最主要的原则，就是一定把规则要求讲在学生动手之前，不能在学生动手过程中再讲。学生动手的过程中，注意力已经转移在他的操作对象身上，教师此时的话语学生几乎是听不进去的。

学生动手完毕进行汇报、演示、展示时，一定要求所有的学生把手中的动作停下来，集中精力听和看。当然，决定进行展示或者汇报时，也一定是看到或了解到绝大部分学生已经完成了动手任务的前提下。

（3）安排学生上黑板板演，不能随性和盲目，这其中也有一些策略。

第一，不是每一个学生都能上黑板板演，而是具有代表性思维的学生能上黑板板演，代表性思维包括正确的思维和错误的思维。也就是说，典型才有板演的价值。

第二，当教师布置下练习任务时，先不要急于让学生上台板演，要先巡视，发现典型。当练习进行到接近一半时或者更长时间时，才能让学生上台板演。这样做的好处是，可以有效地避免抄袭现象的发生，掩饰一部分学生的思维过程。

六、不要盲目跟风

我接触过一些教师，他们总想使自己的课上得好一些，所以就去模仿自己喜欢的名教师的教学行为。尽管这也算是一种学习，但这种模仿式的学习是很可怕的，因为他们模仿的结果停留在“知其然而不知其所以然”的层面，害自己，也害学生。有一个教语文的王老师在课上让学生自由读课文，学生于是就读起来。当她发现学生并没有自由读而是在齐读时，“啪啪啪”两掌一拍，学生便停读候令。王老师说：“不是让你们自由读吗，怎么齐读起来了？大家自由读！”学生错愕之间，便参差不齐地读起来，刚才节奏一致的齐读变得嘈杂。王老师没有再制止，说明学生的读已经令她满意。听完课，我询问这个情节的缘故，她理直气壮地说：“我是外出学习的时候看上课的老师这样做，所以我也这样做。这不是向名师学习嘛！”

向名师学习的出发点没有毛病，但是啥也不明白就照搬，这不是东施效颦吗？我帮王老师分析了一番：自由读是学生根据自己对课文的熟悉程度和掌握基础，按照自己的语气、语调、语速进行的朗读，当然像枝头蜜蜂嗡嗡一片，因为在自己的节奏下，边读边思才会成为可能，学习任务就能在读中完成；齐读是学生按照同一个节奏读，读得熟的快的要控制，读得不熟练的慢的要跟上，整齐划一，读的目的主要是进一步熟悉课文内容，目的和效果不一样。再者，当老师向所有同学发出“自由读”的指令时，学生闻令而读肯定是同时瞬间行为，一般会形成齐读节奏，继续读也不会再改变节奏。如果教师明确“带着问题自己读”的要求，学生一般就不会出现齐读的情况了。

只有经历了独立思考和探究后，向名师学习才会发挥真正的作用。盲目跟风的一个著名例子就是课堂上的“小组合作学习”，而且是全国范围内的。21 世纪初开启的课程改革，经过专家们的倡导、各级名师的示范，不管是哪个学科，如果没有小组合作学习的形式，简直就不能称之为一堂真正的课。尽管后来也发现了其中形式主义泛滥的问题，但是大部分教师并没有进行深入探究，时至今日仍然是形式大于实际。

最近我又听了一节语文课。课上教师布置学生采用小组合作的形式，去完成“结合具体的字词句，用‘我从________中读出了________’的句式，说说从中感受到的乐趣”的学习任务。为了了解合作学习的真实过程，我就坐在其中一个学习小组的旁边，观察学生合作学习的全过程。结果小组内 4 名同学，群龙无首，互相推让，谁也不肯首先发言，时间就在推让中过去了一大半。后来一名学生稍有点觉悟，便主动发声表达自己的观点，但忽略了教师让用固定句式的要求，学习任务不应该算是完成。这名学生在我的提醒下刚要纠正的时候，教师发出了合作学习结束的指令。这个教学目标基本没有达成，因为我环顾其他学习小组，情况也基本如此。下一环节是各小组代表交流发言，其实发言学生代表的不是小组，只是他个人，教师对小组交流发言环节的组织，实际上是对每个小组个别学生（名义上是小组代表）的个别提问。在这里，合作学习完全变成了形式，没有一点实际意义。

我曾经参与过全国教育科学“十三五”“市域整体推进小班化教育行动研究”（教育部重点课题）的研究工作。在对东营市实施小班化教育学校的课堂教学进行指导过程中，提炼出的一些关于小组合作学习的研究成果，对解决形式主义的问题很有价值。比如说，学习小组中的学习者角色扮演，即在进行小组合作学习时，每一个人必须参与其中，而且担任必要的角色，像轮值“小组长”“记录员”“发言人”等。群龙有首，各负其责，轮流担任，就不会出现“不担当”和“学霸”（总能抢到发言机会而使其他同学只能旁观的学生）现象了。只要是进行合作学习，教师就会限定学习时间而不是随意掌握，用“点钟”进行倒计时，使合作学习的过程充满了紧张气氛，在有限时间内提高了合作学习效率。

说到小组合作学习，不妨多谈几句。为什么要进行合作学习？我认为最主要的原因是学习任务的复杂性导致一个学生自身无法完成，需要通过合作才能达成学习目标。其次是交流的需要，每一个学生的习得不尽相同，交流可以使大家互通有无、互相启发，达到丰富学习效果的作用。小组合作学习还在学习品质的培养方面大有作用，锻炼学生学会合作、学会交流、学会沟通，他们的综合学习素养会得到进一步的提升。有些教师为了体现课堂教学的新理念，“为赋新词强说愁”，不管是否有实际效果，形式上盲目采用小组合作学习的形式，实在没有必要。

其实小组合作学习并非新鲜事物，最简单的合作学习就是同桌互相检查作业、互相提问、互相监督。所谓小组，无非是从同桌的两人变成多人而已。当然，对小组合作学习不能简单地这样认为，其推进过程中也产生了一些研究成果，确实提升了合作学习的实效。比如说分组中的同质分组和异质分组、小组人数的最佳数量等，这些经验性的成果就是广大教师在实际教学工作中研究出来的，不是凭空想出来的。

第三章　学科的认识与实践

“卖什么就要吆喝什么。”每一个教师都有自己的任教学科，所以被学生称为“数学老师”“英语老师”“物理老师”。要想担得起这个学科教师的称号，我们一是要在这个学科做到专业化，要知晓这个学科的前世今生和来龙去脉，做好传承和发扬。二是要上好这个学科，教得精彩，学得有趣。我是一名被学生称为“语文老师”和“社会老师”的人，当然“社会”学科后被“品德与社会”“道德与法治”逐渐涵盖了，已成明日黄花。在本章内容中，除了对语文教学的思考和教学案例外，还附带了4篇下水文，即给学生写的范文，有的还是与学生同题作文。同题作文既是语文教师的教学基本功，也是提高学生写作兴趣、加强写作指导的重要方式。没有理论，只有实践和感想，我来告诉你。

一、语文教学向传统学什么①

一

众所周知，汉语是我们的母语，它也就理所当然地成为每一个中国儿童学习的首选内容。古代的童蒙教育和现代的小学教育都重视汉语的教学。在各门学科中，小学语文可算是一门历史悠久的学科了。始于周秦的中国古代童蒙教育“教之以洒扫应对进退之节，礼乐射御数之文”，其主要内容是以语文为主的，大致可分为识字、习字、学诗、作

① 刘知晓：《语文教学应向传统学习什么》，载《山东教育》2002年第Z1期。

文、读史、学经等。

汉代的教师被称为书师，一教学生识字，二教学生经学，以《孝经》《论语》为主要教材。自唐代后，由于受科举考试注重诗赋的影响，开始进行诗歌教学，开我国蒙学习诗作对之先河。唐代诗人元稹《长庆集·序》记载："村校诸童竞习诗，召而问之。皆对曰先生教我乐天、微之诗，固亦不知予为微之也。"宋代的小语教学内容逐渐固定为"三、百、千、千"，即《三字经》《百家姓》《千字文》《千家诗》。学校设置普遍，"弦诵之声，往往相闻"。此时的蒙学不仅注意识字，而且从描红之法开始重视写字。明清时期，《古文观止》等文学课本开始使用，犹如今之课文，广泛用于学校。清中叶至近代，才产生了一批运用旧形式介绍新科学的教材，即有关"声、光、电、化之学"的课本，打破了语文在传统蒙学阶段的垄断地位。

20 世纪初的新文化运动，"冲过去历史之网罗，破陈旧学说之囹圄"，"非尽取天下之学究而再教之不可，非尽取天下蒙学之书而再编之不可"，力抨传统蒙学。20 世纪五六十年代的小语教学以借鉴或搬用苏联的教育教学模式为主，大量削减传统小语教学的内容，基本上摈弃了传统小语教学的形式，我个人认为由此形成了现代小语和传统小语的一个代沟。现代小语和传统小语相比固然有它的优势，但几十年的教育实践也暴露了它的弊端。吕叔湘先生说过，以 3000 课学习汉语，结果"句读之不知，惑之不解，岂非咄咄怪事"。更有甚者说，今日之语文，误尽天下苍生。实际上，小语教学的"少慢费差"一直是困扰广大小语教师的问题。为了改变这种现状，一批小语教师锐意改革，涌现了像斯霞、丁有宽、李吉林、吕敬先等小语教学的革新家，对培养学生学习语文的兴趣，提高学生听说读写的能力起到了良好的推动作用。但由于受现行教育机制的限制，以上的革新仅是单方面的或是局部地区的，未能得到大范围的认可。我以为，流行近两千年的我国传统蒙学不应完全摈弃，它肯定有值得吸收和继承的东西。和现代小语教学相比，传统蒙学的强项恰是现代小语教学的弱项，主要表现在读、写、作三个方面。正如九年义务教育小语大纲中要求我们的：学生的字要规规矩矩地写，话要清清楚楚地说，课文要仔仔细细地读，练习要踏踏实实地做，作文要认认真真地完成。这在某种程度上和传统蒙学中的语文教学目的有相似之处。

二

读，即为阅读，是传统小语教学之首。朱熹说：“为学之道莫先于穷理，穷理之要必在于读书。”古之阅读包括教书、背书、理书、讲书四步教学法。所谓教书，即如今指导朗读、教师范读的环节。指导儿童读书的第一步是教“句读”。文辞语意已尽处为句，未尽需停顿处为读。指导的目标是让学生逐字逐句点读分明，以便理解文意。学生读书要读得字字响亮，准确熟练，眼到、口到、心到。所谓背书，就是背诵所教之书。古代蒙学几乎是每读必背。理书就是复习过去的知识。孔子主张“温故而知新”，所以蒙学有读新书不忘温旧书的制度，要求每旬、每月、每年都要理书。这样随读随理，则无书不熟。讲书即今日的分析课文，由老师讲解书意。讲书的次序是先“讲”后“贯”，即先讲清文意，再讲全文的基本思想。讲书的原则是“约而臧”“罕譬而喻”，精讲但不细讲。现代小语阅读的方法是略读重讲，从一校到一市，从一省到全国，进行的阅读教学比赛都是老师的“讲书”比赛，没有指导学生读诵的比赛。有人做过统计，从小学三年级到初中三年级，整整6年的时间，学生受到的背诵训练仅为108分钟，而蒙学中须背诵的内容15种左右近20万字。苏霍姆林斯基专门花了15年的时间研究学生的阅读，认为“要使儿童学会有表情地、流利地、有理解地阅读，那么他在小学期间就必须朗读200小时以上，并且默读过200小时以上”。由此看来，古之四步阅读法重读略讲，学生主体性发挥和读书能力都胜于今。我以为，古代小语的阅读教学值得借鉴之处有三点：一是教材精当，背诵内容多。《三字经》、《百家姓》、《千字文》、“四书五经”、《古文观止》、《千家诗》等，集历朝历代文化之精华，是经过千锤百炼的文学名篇，读诵起来文道双收。现行小语课本大多是当代作品，跨越几十年的工夫就选录近300篇，不免良莠兼有，有失精当。蒙学以读书、背书为务，既符合儿童的年龄特点，又打下了坚实的语言基础。二是背书、理书者为学生，不厌其烦；教书、讲书者为老师，尽之简约，学生主体性强。三是以读助写，读为前提。“读书破万卷，下笔如有神”。程端礼在《程氏家塾读书分年日程》中说：“读书如销铜，作文如铸器，铜即消矣，随模铸器，一冶即成。只要识模，全不费力。所谓劳于读书，逸于作文者此也。”值得高兴的是，我国的部分语文教育工作者注意到传统蒙学的可继承性，从教学内容到教学方法开始有分寸地回归。在新的九年义务教育语文大纲中提出，小学生要背诵150篇优秀的诗文，并列出了具体的篇目。中央电视台和部分高校举行了数次唐宋名篇音乐朗诵会，江泽民同志参加并指出：“中国的古典诗词博大精深，有很多传世之作。它们内涵深刻、意存高远，也包含有很多哲理。学一点古典诗文，有利于陶冶情操，加强修养，丰富思想。”

三

我国的古代蒙学十分注意汉字书写，写字被称为“习字教学”。习字教学在社会发展中形成了一定的程序，有切实的要求和具体的指导措施，加上持之以恒的训练，教学效果十分显著。据南宋人陈郁所记，宋代已有“描红”的字帖。从描红人手的习字方法以及所用的字帖，一直沿用到清朝。明清时的儿童习字程序如下：先由老师扶手教字，继而描红写影本，然后临帖。临帖也有套程序：先临《九成宫》，后临钟、王法帖，即所谓“由贤入圣”。练字还有具体要求，如执笔的“四要”和作字的“四法”等。

清朝时，科举考试的弊端成了促进蒙学习字的直接动力。由于当时的科举考试拘泥于八股，内容空洞无物，逐渐形成了科举注重书法的习惯，也就是视考生在答卷上书写字体的优劣来评定高下。“竟至一划之长短，一点之肥瘦，无不寻瑕索垢评第妍媸。”“而士子举手偶差，关系平生荣辱。”所以，自蒙学始就非常注重习字教学。塾中儿童每日习字，书法教育在学校中一直受到重视。我以为汉字在文字史上是一朵奇葩，无可比者。汉字从笔法、布局到意趣，莫不体现着它的博大精深。汉字书法作为一种艺术，在世界上也是唯一的（日本和韩国亦有汉字书法）。书法注重写字教学是对中华民族传统的继承，对美化生活、陶冶性情有很大的作用，绝不能因改革开放和科学技术的发展（如计算机的使用）而放松。传统蒙学的习字教学的确有借鉴的意义。

2000年的某一期《中国教育报》上刊登了天津某高校20名大学生的签名照片。除了一位的字规范以外，余者皆歪歪扭扭且龙飞凤舞，笔画凌乱，更毋论章法与笔韵了。这说明我们的识字、写字教学存在着很严重的问题。教师仅是注意知识的数量，放松了写字的基础，出现书写不规范，字体稚嫩，错字、别字迭出的现象，应该引起大家的重视。我们都曾有过这样的体验，凡接触到的曾经上过私塾的老者，毛笔字大都写得不错，或颜或欧或柳，颇具章法。这与传统蒙学的习字教育是分不开的。

四

苏轼说："文章本天成，妙手偶得之。"是言有些诗文意存高远，给人以鬼神斧工的感觉，如李白的《将进酒》、王勃的《滕王阁序》、范仲淹的《岳阳楼记》等。凡入编《古文观止》的文章和现代文学史上文坛巨匠的文章及当代毛泽东的部分诗词都堪享此誉，如今读书的人多了，写文章的人也多了，为何不见文章妙手了呢？现代几人的文章能经得起历史的考验，让人叹为观止呢？从多如牛毛的文学刊物中，透出的是一股浮躁，很少给人一种"如听仙乐耳暂明"的感觉。我想就从小语的作文教学中找两个原因。一是大部分小学语文教师的文学功底薄，很多人不会写文章，甚至不会欣赏文章。教给学生的作文基本功是一种僵化的、机械的公式，像科举后期的八股文，死模式、假人物、假故事、假感想充斥其中。二是读写重脱节，阅读归阅读，作文归作文，学生不能从课文中汲取写作的营养，导致了小时了了，大未必佳的结局。

我国古代蒙学中，"出口成章、落笔成文"是检验一个人学业高低的标准，也是通过科举步入仕途的主要途径。因此，写作教学成为一门重要的课程。能为人师者，写作基本功是非常扎实的。《朱子语类》中说："老师束脩之厚薄，地位之高低，往往以其能否教作文为判。"同时，写作训练也有一套传统的做法：第一，注重基本功训练。蒙学教文，要进行字句的锤炼，布局谋篇分类训练，不是下手就写，在游泳中学会游泳。如先前进行的对格训练，老师说"上"，学生说"下"；老师说“桃红”，学生说“柳绿”。由一字逐渐到多字，由一词到多句，讲究对仗工整，如“送酒东南去，迎琴西北来”，“圆荷浮小叶，细麦落轻花”等。不要小看对格训练，这确实是作文训练锤词炼句的真功夫。第二，多读多背，注重仿写。学生背诵了大量的诗文，对名篇的文字烂记在心，写作时，用其词句，仿其布局，是很自然或者说是不由自主的事情。“古人作文作诗，多是模仿前人而作之。盖学之既久，自然纯熟。”但同时又强调“文章之道，必师古人，而不可袭乎古人”。第三，注重多写多改。应该说，我国古代读书的人数很少，书塾实行的是小班化教学。一个塾师不过几个学生，教学任务不重，所以在写作教学时有精力让学生多写，老师的批改及时，而且必是面批，效果十分明显。有的书塾逢三、七作文，一月 6 篇，有的书塾逢三、八作文，初一、十五作史记和诗赋。总之，作文量较大。古人认为“文章频改，功夫自出”，老师批改的也多。老师改文时“随其义而改之”，不硬性限制模式及文笔，同时也教会学生批改和鉴赏。《学海津梁》中说：“细心推究，我之非处何在，先生改之妙处何在……玩索再三，则通塞是非故明，而学识进矣。”

近日，中国青少年发展基金会与中国教育报文化周刊联合举办“对子文”“说话识字”有奖征文比赛，其意在于吸收传统蒙学中锤炼语言的做法。有关部门拟将“对子文”纳入新编小语课本当中。应该说，这是一个好现象。

五

我国的古代蒙学，多散于里巷村陌。我交往过两位新中国成立前就读私塾的老者，他们在古稀之年还会背诵《孟子梁惠王》《陈情表》等。其中一人还写得一手好字，曾书“月色如水水如天”的字幅赠我，可我竟不知此诗句出自何处，顿觉汗颜。作为一名小语教师，从他们身上受到了一点启发，于是写下以上感想，就教于方家。

二、略谈我国古代蒙学的小班教学①

诸位熟知，小班化教育启自于西方欧美国家，20 世纪末传入我国，渐兴于近年。小班化教育以其班额小、教学资源丰富、教学理念先进而颇得青睐。仅从班额小而言，我国古代蒙学当属自然小班，其教学情况略述如下，或从中引发些许思考。

（一）古代蒙学的班额

古代蒙学的发展，从汉代直至清末，受社会经济水平、人口数量多寡、人们对教育的认识和教育利益的吸引程度而在不同时期有不同的表现。从“残编短简”中可以看出，古代蒙学的形式有书馆、经馆、义学、社学、义塾等，分为官办和私办两大类，多为一馆一师十数生。

古代儿童能够入蒙学就读，一般是家庭背景好、经济条件好、家长重视教育或受科举入仕的吸引，有极强的功利性，怀揣“朝为田舍郎，暮登天子堂”的梦想。除入义学外，属于高消费行为，家贫者不致。经济条件一般的会采取“晴耕雨读”或者“夏耕冬读”的方式来学习，故历朝历代的在校生数量一直不多。《太平广记》中说：“田先生者，隐于饶州鄱阳村，作蒙学以教村童十数人。”清《粤东启蒙义塾条规》规定，学生人数为 11～12 人，最多不得超过 16 人。与林则徐交往甚厚的栗毓美对班额有自己的见解，他认为，规模大的义学当有 25 名学生，规模中等的义学当有学生 20 名，规模再小些可有学生 15 名。古代国民文化程度很低，与从学者数量少是有很大关系的。从有关材料中可知，古代蒙学的规模多在 20 人左右，超过 30 人的是极少数。

古代蒙学为什么班额小，主要原因有三。一是受经济条件限制，办学经费即使是从官府出，数量也非常有限。出自民间资本的义学或者个人出资的私塾，就更加有限了。再加上平民百姓经济拮据，孩子入学者自然就少，所以学校的规模和班额就少。二是古代蒙学招生也是有条件限制的。北宋末年规定：“违父母尊长之训、犯盗窃伪滥之类，不在入学之限。”明代认为“习经读书”非一般人所能为，只有“可句读者、良家可进之童生、可习儒业者、可习经书者”方可读书。《嘉靖淄川县志》中记载：“社学生徒俱邑之秀也。”三是古代塾师非常注重

① 刘知晓：《略谈我国古代蒙学的小班教学》，载《山东教育》2017 年第 25 期。

教学效果，教学上因材施教，实行个别教学，绝不会贪多求大，力不从心而影响教学效果。“塾师教授生徒，（学生数量）少则工夫有余，精神足用，自然教诲周详课程无缺；（学生数量）多则师之精力既疲，而工夫亦有所不及，一切皆从苟且简率矣。故生徒以少为贵矣。”这段话既说明了小班额教学的优势，也道出了大班额教学的弊处。

（二）古代蒙学的课程与教材

在一般人看来，古代蒙学的教学内容局限于“习经读书”，基本类似于当代的“语文课程”，无非是读诵和书写而已。的确，古代蒙学的课程主要集中在语文学科，数学、常识之类属于“辅助课程”，不是一种普遍现象。从目前能查阅到的资料可以看出，从先秦至清代，蒙学阶段的课程主要以“六艺”（礼、乐、射、御、书、数）为统领，以“四书”（《论语》《孟子》《中庸》《大学》）、“五经”（《诗经》《尚书》《礼记》《周易》《春秋》）为主体，以专题性教学（如《九章算术》《三字经》《千字文》《增广贤文》等）为辅助。

按学科分类，古代蒙学的课程有识字、语文、作文、数学、音乐、体育、常识等，因时代不同、塾师能力不同而设置不同的课程，塾师本人有决定权。一般来说，识字和写字是儿童入学学习的第一关，“初学童蒙以识字为要务”（梁家园语）。几乎所有的教材都承载着识字任务，典型的识字教材有《史籀篇》《千字文》《杂字》《百家姓》；阅读类教材则以“四书五经”为主，时人新文为补充。算学在古代童蒙教育中算不上必修课，教材也远不如语文丰富，代表性的有《九章算术》《算经》等。至于常识，潜伏于各种教材之中，如《千字文》，以四字韵语的形式，从古人关于天地形成开始，把律历、历史、道德、读书、地理、饮食、园林、祭祀等知识连缀成文；《三字经》中有专门讲述历史的章节；《千家诗》中也按时令、竹木、宫室、音乐、兽虫等进行了分类；而宋代王应麟的《蒙学绀珠》“始于三才，终于万物，经以历代，纬以庶事”，是一部集语文、历史、地理、自然科学为一体的全科教材。

古代蒙学设置的课程和选用的教材有两个突出特点，一个是德育为首，另一个是服务于科举（隋唐以来）。历朝的统治者都注重对儿童道德品格的培养，蒙学也就顺势应时，开发了大量适合儿童道德规范和行为方式的教材，并在课程中加以强化。我们熟知的《论语》《孝经》《小学》《弟子规》《朱子家训》等都是典型的德育教材。蒙学德育的目的非常明确，就是使学生“心中知孝悌忠信、礼义廉耻为治家之道，终身受用不尽，虽不能为入学之秀士，亦为安分之良民”。朱熹在《题蒙学》中说：“古者从学，教人以洒扫、应对、进退之节，爱师、敬长、隆师、亲友之道，皆所以为修身、齐家、治国、平天下之本。”朱文公把打扫卫生、交际礼仪这些日常琐事的养成教育上升到国泰民安的基础，实为卓识。

《兔园策》成书于唐，是为儿童编写的适用于科举考试的一本教材。入仕是隋唐以后最优的生存方向和立世选择，各类教材不免都打上了科举的烙印。清朝的入泮和科举考试中的作文题目皆出自《四书》（朱熹所注），因此“初学幼童，读《弟子规》。即读《小学》《孝经》，再读《四书》。《四书》概读朱注，以为将来上进地步”。从这段话里，既可以看出古代蒙学的课程内容，也可以看出学习本课程的目的在于为将来的仕途打下基础（“以为将来上进地步”）。

现整理清代浙江善化人唐鉴所设金陵义塾的课程和课时如下，可窥见古代蒙学课程之豹斑。

> 每日卯时（晨5：00—7：00）以前到学，向老师行礼。
>
> 早晨：点书（学习新课文）。
>
> 上午：温习（复习）、习字（写字）、讲书（讲解已学过的课文）；对学习适合者“做破承起讲（学做八股文，应对科举考试的专项训练）”。
>
> 下午：点诗、读古文或时文（老师提供的新阅读材料）。
>
> 酉时（傍晚17：00—19：00）：向老师行礼，放学。
>
> 在校期间，“随时教以礼仪揖让，以长幼为序”（品德教育贯穿整个学习过程）。

可以猜想，唐鉴是嘉庆年间的科举进士，义塾的课程设置和教学流程是其所受蒙学影响而一脉传承的，有一定的代表性。

（三）古代蒙学的教学策略

大量记背。古代蒙学特别注重基础知识积累，讲究循序渐进，而背诵是主要的学习方法。所谓背书，就是背诵所教之书，古代蒙学几乎是每读必背。对学习基础差的学生，教师加以范读。古人认为儿童多记性，少悟性，所以要求学生“专心一志，口诵心惟，字字句句，紬绎反复”（王阳明语），“初授以《养蒙大训》四言五言，口诵既熟，乃授以《小学》《四书》，然后致经观史”（魏笑语）。据不完全统计，按照“群书先后缓急之序”和“每书诵读考索之序”（朱熹语），蒙学需背诵的书目有15种，总字数约20万字，学生的语言文字功底由是极为扎实。

教师精讲。在蒙学教书、背书、理书、讲书四步教学过程中，教师主要负责讲书。讲书的次序是先“讲”后“贯”，即先讲清文意，再讲全文的基本思想；讲书的原则是“罕譬而喻”，精讲但不细讲。吕坤和魏笑的观点一致，认为讲书应“白直教之”，否则“童子理会不来，强聒反滋其惑”。这是说古代蒙学在教学上能够做到关注学情，从儿童的认知水平出发，把学生当成学习主体，老师退而为其次。

分层教学。这是类复式教学的一个时尚说法。古代蒙学没有入学年龄的限制，小至四五岁，大至十几岁，都可能在一个学馆学习，加上学生的学习基础参差不齐，所以教师必须做到因材施教、分层教学、个别辅导。由于班额较小，做到这一点亦非难事，所以每当开学之际，老师“量其少长”，“列生徒长少之序挂于门内东西两壁”，按年龄分组。如学习算学（数学）时，“年稍长者，教以《九章算术》；年小者以四方上下（认识方位）、自一至十或自甲至癸（认识数列）等授之”。

值得一提的是，从汉魏六朝时期开始，蒙学中采取了一种新型的教学方法，由年长的学习基础较好的学生扮演教师角色，代替教师去辅导那些年龄小、学习差的学生，形成一对一或一对多的学习小组。

注重乐学。虽然在我们的印象中，古代蒙学师生关系分明，体罚现象突出，但在教学上，许多塾师认识到学生学习兴趣对学习成效的重要性，比较注重“乐学”。程颐认为，“教人未见意趣，必不乐学”。朱熹在《喻诸生》中谈到教学环境和教学内容，认为应该做到“礼仪以养其心，声音以养其耳，彩色以养其目，舞蹈以养其血脉”。在教学过程中，吕坤主张“每遇童子倦怠懒散之时，歌诗一章”，以振学生学习情绪。鲁迅在《从百草园到三味书屋》中写到书塾课间休息时，“可以爬上花坛去折蜡梅花，在地上或桂花树上寻蝉蜕”。

王日休在《训蒙法》中主张教学一定要从学生学习基础出发，不可强求早学、多学，要循序渐进。之所以采取这种教学原则，目的在于保护学生的学习积极性，不要使学生感到学习有压力、有厌倦感。不惟功利而能尊重儿童天性，关注学生学习兴趣，应该说是古代蒙学的一大进步。

（四）后　记

我之所以站在小班化教育的立场上回眸历史，和古代蒙学产生联想，是因为我对中国的传统教育比较感兴趣，对现实教育的诸多问题颇觉疑惑，试图从传统教育中寻找一些启发点。那些曾经受过蒙学教育的人，大抵写得一笔好字、写得一手好文章，在治国行政、科学文化诸方面多有建树，其道德修养和学术水平非现代人所能比。2014 年 4 月，教育部印发了《完善中华优秀传统文化教育指导纲要》，目的在于构建中华优秀传统文化传承体系、推动文化传承创新的重要途径，也是我撰写此文的思想动力。小班化教育方兴未艾，在中国多个地区普及开来，不断探索其内涵发展。

三、浅谈古诗三步教学法①

中国古代诗歌是极其宝贵的文化遗产，它高度凝练，短短几行就蕴含了作者丰富的阅历和深刻的见解。小学生学习古诗不但有益于语言能力的发展，而且有益于培养他们的美学鉴赏能力，陶冶他们的高尚情操，加深他们对祖国优秀文化遗产的感情。五年制小学语文教材中安排编入了 46 首古诗。由于汉语在历史长河中不断演变，小学生时空思维能力和知识面有限，所以古诗教学不能等同于一般白话文阅读课。根据古诗的特点，我以为可分为三步去教学。

（一）以读诵为手段书记内容

选入教材的古诗多为唐宋以来的近体诗，在句数、字数、平仄声调等方面都有一套严格的规定，平声长音，仄声短音，合辙押韵，节奏感强。古诗读起来朗朗上口，铿锵悦耳，扣人心弦。古诗具有音乐美的特点，非常适合读诵。廖仲安教授说："读诵不是我们学习的目的，但不失为学习古典诗词的必要方法和手段。"

教师在这个环节的任务是指导学生读诵，给学生定一个感情调，找出古诗所表达的感情是高昂还是低沉压抑，是欢畅还是悲愤惆怅。如陆游的《示儿》，它的感情基调就是缓慢、低沉。特别是读到"王师北定中原日，家祭无忘告乃翁"时，应该哀婉且有力地读出诗人那种至死不忘收复失地、光复中原的爱国感情。

---

① 刘知晓：《浅谈古诗三步教学法》，东营市教学论文评选一等奖案例，2000 年。

只有通过读，才能充分显示古诗的音乐美，才能把学生引入诗的意境中去。学生按照教师的指导，有感情地多读，需达到背诵的程度。这样不但熟记了诗的内容，而且对诗人的思想感情也会产生进一步了解。苏轼诗曰："旧诗不厌百回读，熟读深思子自知。"由此可见读诵对学诗的重要性。

《诗人玉屑》中谈到学诗的两个层次时说："所谓晓得文义是一重，识得意思的好处是一重。"这里所说"晓得文义"是指直观地欣赏到诗的表面意思，获得文辞的浅层形象，也是"识得意思的好处"——得到美的艺术享受的基础。"晓得文义"正是通过反复读诵获得的。

（二）以思维为手段疏通诗意

诗是凝练的语言，"以一笔藏万笔"。作者用最简约的篇幅，表现尽可能深广的内涵，寥寥几字便是一幅优美的画卷或一个生动的故事。古诗教学的一个原则就是多思少讲。教师的讲解应限于难字难词的释义，这也是指导学生理解诗意的前提。汉字在历史发展过程中，词义在不断演变，存在着古今异义和一词多义的现象。如《暮江吟》中"可怜九月初三夜"的"可怜"，古义是"可爱"；《山行》中"停车坐爱枫林晚"的"坐"，诗中译为"因为"。我们在教学时，对这些古今异义的字词，必须向学生解释清楚。否则，学生对诗义的理解就会出现偏差。教师进行必要的文字讲解是可行的，但不可对诗逐字逐句地串讲。因为这样做容易破坏诗的形象美，削弱诗的艺术感染力。

学诗需靠一个"悟"字。学生利用教师讲解的点，铺成自己理解的面，在思维之中疏通诗的大意，体会诗人的思想感情。这就是读诵的优势，教师跳跃讲，学生综合思，渐入佳境。如果不是循着由点及面的思维，是不足以发掘出诗的深刻含义的。《逢雪宿芙蓉山主人》一诗："日暮苍山远，天寒白屋贫。柴门闻犬吠，风雪夜归人。"仅从诗的表面意思去理解是不能连贯通顺的，这就需要去综合分析：太阳西沉，远山一片苍茫，天气十分寒冷。我投宿在一个贫穷的山村人家，忽然听到柴门外有狗叫声。在这风雪夜里，有人回来了。通过精巧的思维组织，用作者的所见所闻，真实地表达了山区贫民劳动奔波的情形。学生思维的主动性需要教师灵活机动地去引发，从而把诗意弄通弄懂。

（三）以想象为手段知现意境

能背能讲，这不是我们学习古诗的最终目的。"识得意思的好处"，体会诗的意境美，这是学诗的最好效果。王国维认为，优秀的诗歌“其言情必沁人心脾，其写景必豁人耳目”。清朝诗人高鼎的《村居》：“草长莺飞二月天，拂堤杨柳醉春烟。儿童散学归来早，忙趁东风放纸鸢。”这首诗风格清新活泼，语言和谐明畅。试想江南草长，杂花生树，群莺乱飞，春风骀荡，吹面不寒。杨柳的枝条在风中飘摆，似醉春烟中；天真烂漫的儿童放学早归，手中的风筝飘摇在天上，欲与黄莺试比高。春天带来了欢乐，春天带来了勃勃生机，好一幅早春二月的明媚景致！在这里，绿草黄莺，色彩艳丽；儿童纸鸢，物象鲜明。这就是诗的意境美。所谓意境，就是诗人内在的情感与外界的景物有机结合而创造出来的鲜明生动、含义深刻的生活画面。诗人往往靠它蕴含丰富的内容，寄托强烈的感情，以启发读者展开想象，去领会言外之意，并从中受到感染与熏陶。

在教学中，教师要启发学生展开想象。根据诗的内容，沿着诗人的感情发展线索，让诗的意境在学生头脑中形成完整鲜明的画面。知现诗的意境，必须由前两个步骤作为基础。如何引导学生来知现古诗的意境呢？在古诗教学中，我通常采用两种方法：一是让学生通过想象，进行扩大性发挥，把诗的内容用语言描述成鲜明的画面，把诗改写成一段叙事或写景的文字，像《塞下曲》《所见》《暮江吟》等；二是“画诗”，即把诗的内容通过想象准确完整地画出来。这种办法既可以把叙事诗画成连环画，也可以把写景诗画成风景画。以上两种方法运用要注意两点：一是想象要丰富，尽可能地使画面饱满，展示作者想表现的深广内涵；二是要贴近生活。在古诗的安排上，教材有一个特点便是古诗展示的内容与学习时所处的季节尽可能地相符。如四、六、八、十册语文教材的学习时间是春季和夏季，所编入的古诗大多是描写春夏景物的，这样有利于我们从色彩斑斓的生活中找出我们教学古诗的现实观察点。教师要通过发展学生的创造性思维来理解古诗，把古诗教得既扎实又灵活。

“美人之光，可以养目；诗人之诗，可以养心。”古诗具有音乐美、形象美、意境美之特点，所以我们在教学上要读、要思、要想，逐步深入。通过多种形式的学习，我们可以得到艺术的熏陶和美的享受。

四、初中学生写作情感表达探析①

与高中语文教师谈及初中学生的作文痼疾，最甚者莫过于缺乏真情实感的表

① 刘知晓、马肖军：《情动而言行，求真则感人——初中学生写作情感表达问题初探》，载《语文建设》2020年第23期。本案例获东营市课程资源评定一等奖。

达，在高中段要费很大气力来纠正它。与初中语文教师相谈，则认为在于学生选材不准、立意不高和表达方式的不当，虽然对“缺乏真情实感”颇有言辞，但毕竟不是至患。写作要有真情实感应该是常识，为什么高中语文教师极其强调而初中语文教师不甚重视呢？带着这个问题我回溯了七至九年级人教版语文教材的写作要求和训练内容，教材的写作部分主要指向立意选材、表达技巧和各类文体，基本没有设计“写出真情实感”相关要素的训练，而缺乏真情实感正是当前影响初中学生写作水平的严重问题之一。因此，在此将从问题现状出发，重点探讨初中学生写作中情感表达的意义、内容，并提出具有针对性的建议策略。

（一）明确表达真情实感是初中学生写作的重要要求

《义务教育语文课程标准（2011 年版）》在七至九年级写作方面要求：“写作要有真情实感，力求表达自己对自然、社会、人生的感受、体验和思考。”“多角度观察生活，发现生活的丰富多彩。能抓住事物特征，有自己的感受和认识，表达力求有创意。”课标的相关要求充分说明“写作要有真情实感”是第四学段的基础性目标。刘勰在《文心雕龙》中提及：“情动而言行，理发而文现。”马未都谈学生写作：“只需告诉学生怎么好就可以了，这个好叫真实的表达。”以上课标要求和专家观点都在提示我们要高度重视真情实感在作文中的重要价值，不能因为教材没有专项训练而忽略它。

（1）没有真情实感就没有流畅的表达。流畅的表达不仅源于运用语言文字的娴熟程度和组织技巧，更源于痛快的情感宣泄。“情动于中而形于言”，“情动则言表，情深则言畅，情激则言烈，情曲则言婉”。很多初中学生面对主题作文“无话可写”，主要因为对主题“不感冒”“不走心”，较少关注相关人物、事件或环境。“登山则情满于山，观海则意溢于海”，不登山、不观海、不通世务、不晓人情，那就既没有表达的欲望，又缺乏可写的内容，写作时强榨硬取，出现情感匮乏枯燥、语意断续不畅的问题。

请看学生习作《母亲》片段：

母亲在厨房不小心切破了手。我赶忙拿了一块纱布给她包扎，心想母亲的手破了，这顿饭还是我来做吧，便把这个想法告诉了母亲。母亲不同意还要坚持做，我也就放弃了。

作者在例文片段中主要表达了对母亲的关怀之情，但是所表达的情感不够深切，略显淡薄。究其原因，是作者对妈妈日常劳动的辛苦和坚持做饭的用意体察不深，关心不切，所以很快“也就放弃了”。从“心想母亲的手破了，这顿饭还是我来做吧”大概可以看出，作者对母亲的关怀是在母亲受伤情况下临时激发的，并不持久、深刻。相反，作者平时一直是被关怀的对象。所以，作者在表达关怀之情时语言枯燥呆板，缺乏张力，情感阻滞不通，欲说还休。

再看学生习作《我家有个小弟弟》片段：

> 弟弟被裹在小花被子里，睡得香甜极了。他细长的黑睫毛罩盖着微合的双眼，粉嘟嘟的胖脸被暖阳照得更可爱了。我悄悄凑过去，听到的是均匀的呼吸，闻到的是从他身上发出的充满房间的奶香味儿，甚至能看清他那嫩嫩皮肤上的绒毛，手摸上去肯定很舒服，但我忍住了。

与前一则例文片段相比，这一则明显文从句顺、流畅自然。单从写作技巧上分析，精彩的段落描写源于作者细致入微的观察。其中不仅包含从整体到部分、由远及近、动静结合的观察技巧，还反映出作者看、听、闻、触、想等丰富的观察手段。稍加品味即可发现，片段中一词一句中无不洋溢着作者对弟弟的怜惜之情。事实上，正是“哥哥”的责任意识、天然的护幼之情以及对婴儿所焕发的幼小生命自然之美的无比热爱，使作者在无意之中观察得那样仔细、全面、深入，以至于产生“手摸上去肯定很舒服”的想象触感和“但我忍住了”的克制情感的行为。作者富有这样强烈的情感，自然就会情随文出，文随情走。

（2）没有真情实感就没有生动的感染力。违背生活逻辑的虚构和“套路”会大大降低作文的感染力，这与初中学生缺乏阅历，片面模仿部分范文或影视及文学作品有关。下面的例文片段是“一位叔叔说的话”。

> 即便是这么简单的东西，我也想力求把它做到最好。一次又一次的进步，我就感到无比的幸福！况且也是为了给我那个和你差不多大的孩子作个榜样嘞，嗯，一想到他我便也干劲十足了！

事实上，我们在日常生活中很少听到这种“高大上”的舞台腔。作者在模仿中发挥了虚无的幻想，寄托了一些脱离生活实际、缺乏切身感受的虚情假意。“感人心者，莫先乎情”，虚情假意不但无法引起阅读者的共鸣，还可能令读者反感，从而违背自我表达和与人交流的写作初衷。我批阅过一篇记叙文体的习作——《一个改变了我的人》，其中的对话不用直接引语而全用间接引语，情感色彩极其冷淡灰暗，如其中一段："玩了一会儿游戏，阿姨问我有没有交到新朋友，我小声地说了句没有，她又问我为什么，我说我不擅长与人交往，也不需要朋友。"乍一看，好像作者对这位阿姨的关心不感兴趣，简单机械地应付着阿姨对他的"改变"。其实我也明白，作者是想反映阿姨作为一个热心的长辈在他成长过程中付出了许多心血。但冷静的陈述使我们读起来味同嚼蜡。倘若以对话的形式再现当时的人物语言、神态或动作，把句子附以有感情色彩的修饰词，感染力定然大增。

（3）没有真情实感就没有真正的优秀作品。许多名篇能够流传后世，不仅因为文笔精妙、立意高远，更在于情真意切、感人肺腑。南宋安子顺评论说："读《出师表》不哭者不忠，读《陈情表》不哭者不孝，读《祭十二郎文》不哭者不慈。"意在说明，三篇文章所表达的真情实感足以催人泪下。"不精不诚，不能感人，故强哭者虽悲不哀，强怒者虽严不威。"诸葛亮、李密和柳宗元都是发乎真心，出于至诚，所以感人至深而成就传世佳作。初中学生的写作目的包括自我表达和与人交流，缺乏真情实感不但会自欺欺人，还会呈现给别人一个虚假的自我，那么这篇作品自然不算优秀。一些学生善于"唱样板戏"，一味地在修辞上下功夫，却忽略了表达与交流的意义，丧失了思考的机会。殊不知"繁采寡情，味之必厌"，这也是部分中考作文令批阅者不爽、给分较少的原因之一。

（二）探析初中学生缘何表达不出真情实感

从初中学生的心理特点来看，初一、初二学生处于开放期，大胆、坦率、热情、奔放，形象思维主导头脑，关注自我、身边的人和事。初三学生处于闭锁期，开始性成熟，情绪不平衡，抑制能力差，激情、暴躁，渴望独立，有自觉性。抽象的、理性的思维能力开始快速发展，喜欢思考、追问哲理，关注社会和环境。初中学生的生理特点决定了他们拥有丰富的情感元素，除了关乎自身的七情六欲，还萌生出民族情怀和国家体认等更为高尚的情感。然而，初中学生为什么情感这么丰富却表达不出呢?

（1）情感单一化，缺少鲜明个性。初中学生在写作表达上，既有小学生"人云亦云"的习作特色，也有初中学生尝试表达个人独立思考的思想特征。情感具有独特性，面对同一事件或现象，每个人产生的认知和体验不同，情感表达的方向、形式和程度各不相同。然而通过分析部分作文，我发现多数初中学生表达的情感千人一面，缺乏个性情感。得到同学和老师的帮助很愉快，看到父母辛苦很感动，旅游要赞美祖国大好河山，参加班级活动，体会集体力量强大、团队合作的重要，为抗疫勇士事迹所感动……多数初中学生由于观察体会比较浅薄，或者为了做到“思想健康”，在立意时随大流、唱高调，宁求无错，不求创新，单一化的情感表达脱离了自己的生活实际。事实上，初中学生本应在自然观察、社会参与和生活体验方面敢于表达更为细致的个性化情感。

（2）情感隐私化，缺少表达胆量。初中学生出于自尊、害羞等心理，不敢或者羞于表达一些复杂的、隐秘的情感。而这些情感恰恰是中学生感触最深、最想表达的。他们要面对沉重的课业负担带来的焦躁忧虑，对学校各种清规戒律的强烈不满，对饮食休闲娱乐生活的热切向往，对异性的爱慕与好奇，对美好前途的遐想，对偷闲一刻的窃喜，对某些教师的“敌意”，对校园欺凌的恐惧和仇恨，等等。这些都是学生最乐意随时吐槽，或者向好友一吐为快的情感。初中学生在口头表达上述内容时往往兴致酣畅、寓理于事，甚至旁征博引、绘声绘色。如果能够将这些“声音”记录下来，显然就是一篇篇富有真情实感的作文。然而，尽管我们提倡“我手写我口”“我口说我心”，但又有几个初中学生敢把这些清规戒律不容、道德礼法束缚的主题写成作文呢？他们既担心真实的作文暴露真实的自我，又担心被扣上“思想不健康，立意不高远”的帽子以至于获得低分。所以，这些“隐密的情感”往往在写完三言两语后就化成碎片，或者在与密友窃谈后烟消云散。只有少数学生会把真情实感留在私密的日记中，不会轻易示人。我在做中学校长时，一位老师没收男生的情书并交给我，抱怨该男生“写作水平稀松，情书内容倒是蛮丰富”。我对这位老师说，这封情书触动了你，是因为它表达了男生对女孩儿的真挚爱慕。他不敢当面表白，只好诉诸笔端，实实在在地真情流露啊！

（3）情感模糊化，缺少表达技巧。一个人的感情再丰富、再深刻，如果表达得模糊不清，读者就难以准确感知作者的微义。很多初中学生在“螺蛳壳里做道场”，把简单的叙述复杂化，把明确的情感模糊化。问题的根源是创作方法学得不透，驾驭不了五六百字的作文，犯下词不达意、言不由衷的弊病，甚至造成作者表错了情、读者会错了意的情况。我们不妨通过部分批语管视这一现状。

1. 写到这里人物才出场，戴的帽子大，这个人等不到你喜欢文章就结尾了。

2. 太绕了，感觉方向也不对，不如直接表达你的观点，免得读者费猜你的心思。

3. 要想表达你对家乡的依恋，可以把这一段罗列的话用排比的手法表现出来，感情会显得很奔放，很有气势。

4. 有话好好说，不要喊口号，老师没有你说得这么伟大。

“意贵透彻，不可隔靴搔痒；语意脱洒，不可拖泥带水”。初中学生在行文写作、表情达意的过程中，经常表现得审慎而踌躇。动笔之前激情热烈，似有万语千言，亟须直抒胸臆；动笔以后含含混混、模模糊糊，“犹抱琵琶半遮面”。读者虽然大致明白作者的情感表达，但又觉得表意不够深刻，抒情不够明了，真实情感火候不足。

（三）指导初中学生写出真情实感的建议策略

我们要引导学生理解写作的目的是抒发感情和与人交流，作品的生命在于真实。要发挥“其文直、其事核、不虚美、不隐恶”的“实录”精神，切忌剪彩为花，刻纸为叶，做一些虚情假意、没有生命力的表面文章。

（1）指导学生理解有情感的表达。坚持阅读教学和写作训练的结合，特别要把课文中独具表达特色的文段拿出来，进行专项赏析训练，不但有利于感悟经典名篇的取材立意，更有利于发现作者的抒情密码——直抒胸臆的方法，含蓄寄托的形式，情景交融的境界，物我双会的效果。教师引领学生一步步走进文本深处，身临其境地体会什么是写真景、录真事、抒真情。此外，教师还应当结合阅读教学例文，充分利用人教版语文教材十几处写作片段训练，做好仿写指导，让学生依据所要表达的思想情感锤词炼句，力求笔墨不多但简练传情，以便加深学生对有情感地表达的实践理解。需要注意的是，初中学生对一些教材例文中表达人性光辉和家国情怀的方法似懂非懂，这就需要教师把课文的表达方式和描写方法厘清析透，使学生明白情感在写作中并非全部任其自然，也要有目的地寄托和呈现，从而实现意新语工、文情并茂的最佳效果。

（2）指导学生表达什么样的情感。“人禀七情，应物斯感。”初中学生情感丰富，心思细腻，喜欢感物吟志，甚至为赋新词强说愁，因此很多人说初中是写诗的时候。初中学生的情感，于己有自豪、得意、自信、惭愧、自卑，于他人有怀念、爱恋、拥戴、憎恶，于事物有满意、期盼、厌倦、失望、痛苦。初中学生正处于世界观、人生观和价值观的成熟初期，情感表达并不复杂但容易产生迷茫，因此指导他们保持心理健康、陶冶情操、成熟情感，并通过文字表达出来就格外重要。虽然我们提倡褒扬真善美，鞭挞假丑恶，但仍要以求真、写真为本，引导和鼓励学生写出他们最想写的东西，那些异想天开的憧憬、离经叛道的思想、临危退缩的懊恼、春心萌动的甜蜜、追求利益的心愿、期望享乐的欲望，以及怨恨、虚荣与嫉妒，等等。以上都真实地存在于初中生活中，不要把这些当成假丑恶来批判，导致学生不敢言、不敢写。只有直面内心、坦诚表达这些看似不美不善的真实情感，学生才能逐渐形成精诚感人的写作态度，顺利地过渡到更高级社会性情感的培养与抒发，如感恩、正义、国家认同和民族情怀。否则，硬性地拔高学生思想，只会让他们走上伪正能量的老路，厌倦真我和真实的表达，不但会逐渐丧失表达自我与沟通交流的兴趣，还有可能对真正的正能量、主旋律产生反感。

（3）指导学生能有真情实感地表达。一是要注意积累词句素材，思考和反思创作技巧，让学生在阅读中不断积累精词妙句，运用之妙，存乎一心。根据需要斟酌选用，这样才能准确、鲜明地表达自己的思想感情。在批阅和讲评中，若见有妙用者，仅凭这一点就可以针对性褒奖，以引发学生重视锤炼词句的功夫。同时，要引导学生运用课文中那些表情达意有奇效的创作技巧，在修改作品时加强反思，实现以读促写的效果。二是要注意观察生活以便增加发现，鼓励学生参与社会以便丰富体验。放手让学生走出教室，观察花鸟虫草，体验社会人情。先以感情定盘，带情观察体验，构思表达情感的语句，而后写成篇章。遇窗外下雨，教师可以及时引导学生观雨，如欲让学生立意为“赞美雨的自然之美”，则引导学生看云情雨势，看雨中花草行人，听雨声水声，回想描写雨的诗文，写一段雨中即景。学生完成后，教师围绕“雨景描写如何适切”“所感之情如何真挚”“遣词造句有何精妙”等方面及时讲评，雨景犹历历在目，文字表达是否有真情实感高下立判，训练效果自然不差。举一反三，还以“雨”为例，见“甘霖”要表达欢喜之情，见“洪水”要表达恶拒之心，长期坚持，学生就会以此为例，渐入佳境。

行文将末，想起几十年前的两首流行歌曲《童年》和《我多想唱》：

池塘边的榕树上　知了在声声叫着夏天　操场边的秋千上　只有那蝴蝶停在上面　黑板上老师的粉笔还在拼命叽叽喳喳写个不停　等待着

下课　等待着放学　等待游戏的童年……

——《童年》

我想唱歌可不敢唱　小声哼哼还得东张西望……我想唱歌可不能唱　还有多少复习题还没做　努力吧准备考重点　老师每天都要这么讲　时时刻刻地光啃书本　这样下去就像书呆子一样　这种烦闷的生活多枯燥　凭这怎么能把大学考上……

——《我多想唱》

罗大佑写《童年》时已是青年，既没有走在小时候玩耍过的池塘边，也没有站在当年的榕树下，无眼前之景而有曾经之情，脑海中全是粉笔、黑板、便当、课桌。《我多想唱》则充满了青少年对激扬青春、放飞自我的渴望。这两首歌的歌词直白简单，“贪玩、幻想、爱慕”的无忌童言和“厌倦学习重负、希望奔放自由”的心语，十分动人。很多人听到两首歌，都会引发少年时期的情感共鸣。对于如何激发初中学生表达真情实感，这两段歌词不正是一种启迪吗?

五、领悟大纲要求，尊重学习主体

五年制小学语文第六册“基础训练”教学建议①

五年制小学语文第六册教材安排了 8 个基础训练。基础知识涵盖汉语拼音、字、词、句、段等，基本能力兼顾听、说、读、写。新的小语大纲（试用）颁布后，语文教材也随之进行了局部调整，基础训练的变化比较突出。为了更好地在新大纲的指导下教学本册的基础训练，我们先看一下教材调整后的一些突出变化。

1. 把“听话、说话”改为“口语交际”。首先表现在口语训练的内容和形式的改变上，例如：

	原听话、说话内容	新口语交际内容
基训 1：	老师讲故事，学生复述故事	创设语言环境，学生之间互相对话

① 刘知晓、孙传文：《领悟大纲要求遵循学习主体——五年制小学语文第六册“基础训练”教学建议》，载《山东教育》（中学刊）2002 年第 10 期。

基训3：一件生活小事	学生交流生活中的难题
基训5：听写一段话	口头表达：怎样过星期天才有意义
基训7：听广播，转述所听内容	自主选择题目，讲想象故事

通过调整前后相比较，可以看出，口语交际的内容变得宽泛，交流形式也多种多样。我们认为，把“听话、说话”变成“口语交际”，这也是遵循新大纲精神所进行的调整。从字面上理解，听话是学生被动的接受，说话是一种主动的表达。而“口语交际”既是主动的，又是多向互动的，这对提高学生口头表达能力、增加语言运用和强化思维有积极的作用。大纲对中年级段“口语交际”规定的目标是：能清楚明白地讲述见闻，并说出自己的感受和想法；能具体生动地讲述故事，努力用语言打动他人；听人说话能把握主要内容，并能简要转述；认真倾听，能就不理解的地方向人请教，就不同的意见与人商讨。通过教学内容的变化，不难看出“口语交际”的设置环境和表达方式是围绕着学生这个学习主体，联系生活，注重真情实感而变化的。

2. 阅读题要求发生了很大变化。阅读要求充分体现了新大纲的精神，降低了要求，减少了头绪，避免了烦琐和无谓。我们不妨对比一下后4个基础训练调整前后的阅读题的要求。

原阅读要求	新阅读要求
基训5：总结段意，体会感情	总结文意，体会感情；摘抄佳句
基训6：分段，归纳段意，理解重点句	简述文意；结合语言环境理解词义句意
基训7：总结段意，理解写作思路	理解写作思路，联系实际感悟
基训8：分段，总结段意，理解中心	厘清写作顺序，谈感受

通过比较可以看出，在本册基础训练的“阅读”部分，要求较过去有了很大变化。取消了原来的内容分析、分段和归纳段意等烦琐的段篇训练形式，避免了学习精力的无谓浪费，减轻了学生的负担。新的教学大纲对

中年级段落阅读的要求是：使学生能初步把握文章的主要内容，体会文章表达的思想感情；能复述叙事性作品的大意，初步感受作品中生动的形象和优美的语言，关心作品中人物的命运和喜怒哀乐，与他人交流自己的阅读感受。新的阅读要求更注重让学生对文章进行整体感悟。在基础训练的阅读题教学中，朗读、体会、领悟、口头表达成了阅读训练的基本形式。如基础训练 1 中的阅读要求是：阅读下面的短文，边读边想，毛主席生前居住的庭院和卧室是怎样的，说说孩子们对毛主席的卧室印象最深的是什么，你是怎样体会他们的心情的。“想想”“说说”是本册基础训练阅读要求的重要形式。可以看出，基础训练中的阅读教学要求体现了对学生个性的尊重，尊重学生对问题的理解和表达的观点。

另外，注重学生的阅读积累也是阅读要求体现新大纲精神，有别于原教材的特点之一。大纲规定：学生在中年级应当“积累课文中优美词语，精彩句段”。在基础训练 4、5 等阅读题中都有要求学生摘抄妙词佳句。

3. 对作文的内容、表达方式要求有改变，创造了良好的作文软环境。例如，基础训练 1 中的作文原为“看图写文”，调整后是让学生围绕早晨的所见所闻或亲身感受写一篇文章，写人、写事、写景皆可。选材范围由唯一变为不唯一，考虑到了学生的实际情况。基础训练 8 中的作文原要求是命题作文“一件难忘的事”，现在则是给出几个按逻辑归属一类但并无直接联系的词语：“①铅笔、橡皮、转笔刀；②小溪、大海；③眼睛、耳朵、鼻子、嘴”，让学生选择一组，自编故事，进行想象作文。我们认为习作 8 是一种新的训练形式，是培养学生想象力并且和生活实际相联系，发展学生思维，避免抄袭模仿作文的好办法。它和基础训练 7 中的“口语交际”内容是一致的，只不过一个是口头表达，一个是书面表达而已。

跟以往的作文训练相比，笔者认为本册的 8 个习作有以下三个特点：题材要求更宽泛，注重和学生生活联系；注重培养学生的观察和想像能力，在 8 个习作中有 6 个习作强调了学生的观察能力对习作的影响；在习作要求的措辞上更温和，体现出对学生主体地位的尊重。

4. 把语文实践活动安排进基础训练。把语文实践活动从课外引进了课内，加强了课内外的交流和沟通。这是语文课教学内容的一个新动向，我们应该深入地实践研究。

同时，我们也要看到教材中没有调整的内容，基础知识中字、词、句训练的内容和形式没有改变。这说明了编者强调语文基础知识的重要性。

第六册的字、词、句训练承接了第五册教材的字、词、句的训练，是整个基础知识体系中的一环。本册的 8 个基础训练，都与本组教材中的内容有一定的联系，训练形式大体有：汉语拼音的复习巩固、词语搭配、选词填空、形近和多音字组词，扩句、句式变换、修改病句、加标点等。

字、词、句的训练就像建筑物的建筑材料一样，表面上看是零散的，但有它独特的连贯性和基础性。在教学中往往有这样的现象，重视基础知识的教师容易过分强调字、词、句的训练，而有的教师往往不太重视这些，认为字、词、句的训练烦琐，作文、阅读是得分的重点，所以把精力用在口语交际、阅读分析和习作上。这都是教学方向的偏颇，是需要纠正的。我们必须看到基础知识的重要性，因为这是形成基本技能的基础。新的大纲中，对汉语拼音、识字、写字等都有明确的要求。这些要求，就是我们教学所要达到的目标。只要按照这些要求教学，学生的语文水平就有提高。

以上分析了第六册教材中基础训练的调整情况。我们认为，在基础训练的教学过程中，一定要注意做到以下几点。

第一，尊重学生的主体地位，把学生当成认知的主体。教学基础知识应先让学生自己做，如果遇上了疑难再由师生共同解决，不能以练代讲，更不能以讲代练。在词句训练中，如果学生理解确有难度，可以结合学生的生活补充一些简单的范例，引导学生迂回理解。例如，基训 5 的第三题，编者的意图是让学生从所给例句中辨析“这儿”“那儿”“那里”“这个”四个指示代词的用法。由于我们不能给学生讲语法和修辞知识，不妨让学生用这四个词口头多造几个句子，把这四个词处理成重音，结合句意一比较，学生不用老师讲，其义自明。再如改病句，可以让学生把自己作文中的病句找出来，对号入座，和这次的句子教学结合起来，效果也很好。这种教学方式就是发挥教师的主导作用，突出学生学习的主体地位，训练自然到位。对“口语交际”“习作”等内容，要充分利用好家庭、社会资源及节假日资源，可以提前让学生观察、专访、调查，积累素材。在这个过程中，要发挥小组合作学习的作用，让学生之间互相协作，把交流、评价的权利交给小组。这样，学生学习既有兴趣，又锻炼了他们的语文学习的综合能力。

第二，作文是基础训练中的重要内容，应要求学生写出真情实感，写作形式可不拘一格。大纲规定，不同年龄段学生的写作都需要占有真实、丰富的材料。在指导写作的过程中，一定要注意学生是否表达了真情实感，对有创意的表达应予以鼓励。我们对目前的作文现状深表忧虑，说空话、讲假话，无生活体验的文章比比皆是。我认为，作为写作要求的初始阶段，需要指导学生对事物、环境、人的细致观察，叙说真实感受，需要让学生知道什么叫真情实感，真情实感是从哪里来的。在作文讲评时，看谁的内容接近生活，生活中可能是这样吗。要让学生参与讨论，发表自己的观点，老师不要急于下结论。最终让学生明白，习作不一定有多少华丽的辞藻，不一定有多么高尚的立意，文通句顺，符合生活即可。在基础训练6的书信写作时，真正地让学生给远方的亲朋写封信，通过邮局或以电子邮件的形式发出去，避免学生“纸上谈兵”式的“演习”。在日常教学中，老师要注意把语文同生活结合起来，使学生“我手写我口，我手写我眼”。另外，积极开展语文实践活动是培养学生多方面作文能力，尤其是培养真情实感的有效途径。

写作不拘形式。要让学生知道，写人、叙事、描景，不一定都得分成三大段，写作顺序一定要灵活。让学生知道，可以从多角度下笔，先写什么，后写什么，没有一定之规。针对同一篇文章，应鼓励学生去创新，大胆地试验，老师也要大胆地表扬。另外，对于那些对作文比较感兴趣的同学，可以指导他们尝试把同一内容用诗歌等形式表现出来。生活是多彩的，习作的形式也是多样的。教师要让学生感受到作文形式的不拘一格，把作文教学的形式和内容一起搞活。

第三，基础训练教学还要同本组的阅读教学结合起来。在基础训练教学时，可以利用基础知识训练的形式，套用本组教材或学生实际的内容，让学有余力的学生编写题例，对全体学生进行综合性训练。如形近字组词、体会顿号用法、填写成语、多音字组词等，在学习这些基础训练内容时，老师指导学生从本组学过的课文中寻找练习的内容，然后编成习题，互相交换做一做，这样会使学生感到亲切，训练效果会事半功倍。

六、介绍时代背景“四要”①

介绍时代背景是有些课文阅读教学的前奏。小学生历史知识少，时空思维能力弱，对一些文章的时代背景难以理解，所以，教师在介绍时代背景时应注意做

① 刘知晓：《介绍时代背景“四要”》，载《山东教育》1994年第12期。

到以下四点。

要正确。即时代背景的材料应符合历史事实。历史事件发生的时间、地点要确凿，人物不能搞错，牵扯到的数字要准确无误。对一些尚未形成定论的事物不能自己乱发断言。要运用历史唯物主义的观点来准确理解与文章有关的历史材料。

要简洁。任何历史事件都有其发生的原因、时间、经过和结果。教师向学生介绍时要言简意赅，抓重点、谈要点，不能为了满足学生的好奇心而讲太多，或者旁征博引，面面俱到，把一些与课文内容无关的历史事件也扯进来。介绍时代背景是为了帮助学生理解课文，介绍哪些内容要以是否能达到这个目的为标准。

要通俗。小学生历史知识少，对历史上的事物名称不了解，教师在介绍时代背景时，遇到“公元前、汴州、上大夫、瑟、北洋军阀”等表示时间、地点、官职、物器等事物的词语时，可以改变一下说法，或者用相当于现代的概念去简要说明，使小学生在时空上把历史与现实相比较进行理解。

要巧妙。介绍时代背景是阅读教学中的一个小环节，教师要善于抓住这个机会，由介绍时代背景引发问题，激发学生学习的兴趣和积极性，自然地过渡到学习课文内容上，依托背景去学习课文，让引出的问题起到承上启下的桥梁作用。

七、两个铁球真的同时着地吗

两个铁球真的同时着地吗①

《两个铁球同时着地》是人教版语文第八册教材中的一篇精读课文，主要内容是：17世纪的欧洲研究科学的人们都信奉古希腊哲学家亚里士多德。亚里士多德说过：“两个铁球，一个10磅重，一个1磅重，同时从高处落下来，10磅重的一定先着地，速度是1磅重的10倍。”人们对此深信不疑。而当时的科学家伽利略却产生了怀疑，从比萨城的斜塔上公开做了现场实验，以确凿的事实否定了亚里士多德的理论。

这篇课文包含着一个很重要的思想，就是“像亚里士多德这样的大

---

① 刘知晓：《两个铁球真的同时着地吗》，获2005年山东省教育能手新课程教学案例评选一等奖。

哲学家，也不是全都对的”。这是由事实引发的正确认识，也是人们应该有的科学态度。这个思想是伽利略带给我们的，教师要引导学生以这个思想为线索，以感悟重点词句为手段，以伽利略的怀疑精神为动力，开展阅读教学活动。同时强调，课前一定要收集关于亚里士多德和伽利略的资料。

上课伊始，我没有急于引题入课，而是先给学生讲了一个故事：从前有一个大力士，不管走到哪里，总喜欢和人较劲儿。有一天，一位老爷爷找上门来，要求和这位大力士较劲儿。老爷爷随便从地上捡起一根鸡毛，交到大力士手里，自己又捡起一块石子儿，笑眯眯地问大力士："谁的东西重?”大力士说：“你的石子重。”老爷爷说：“这位壮士，咱们把手中的东西扔过房子的那一边吧。”说着就把石子扔了出去，石子越过房顶，落到了那一边。大力士紧接着也把鸡毛扔了出去，可是那鸡毛刚到房檐那儿，就悠悠地落到大力士的脚下。大力士连续扔了好几次，结果都一样。老爷爷说：“我年纪大，扔了个重东西；你年轻力壮却连根鸡毛也扔不过房去，还吹嘘什么力气大!”

故事讲完了，我就布置学生自由阅读课文，利用工具书自己解决生字词，扫清阅读的障碍。再读课文，动笔画出自己认为重要和不懂的词句，与学习伙伴交流后沉淀出疑难问题：（1）课文第二自然段中为什么说：“谁要是怀疑亚里士多德，人们就会责备他：‘你是什么意思?难道要违背人类的真理吗?’”（2）伽利略在思考亚里士多德的观点时有一个推论：如果这句话是正确的，那么把这两个铁球拴在一起，落得慢的就会拖住落得快的，落下的速度应当比 10 磅重的铁球慢；但是，如果把拴在一起的两个铁球看作是一个整体，就有 11 磅重，落下的速度应当比 10 磅重的铁球快。这样从一个事实中却可以得出两个不同的结论，这怎么解释呢?（3）为什么文章最后说：“原来像亚里士多德这样的大哲学家，说的话也不是全都对的”?

针对第一个问题，我要求学生利用收集到的资料，了解当时的文化背景，知道了亚里士多德是古希腊“最博学的人物”，在医学、哲学、物理学方面都有过杰出的贡献，难怪人们那么信奉他。我让学生理解“信奉”的含义，并让学生把“信奉”和“相信”做了对比理解，使学生联系人们对亚里士多德的敬畏同下文中对伽利略的质疑，从而更进一步理解了伽利略的怀疑精神。

针对第二个问题，我让学生根据文本表述列了两个不等式。尽管学生对不等式的理解还存在着困难，但通过教师深入浅出的点拨，学生合作学习，最终较成功地列出了不等式：如果这句话是正确的，那么把这两个铁球拴在一起，落得慢的就会拖住落得快的，落下的速度应当比10磅重的铁球慢→$10+1<10$；如果把拴在一起的两个铁球看作是一个整体，就有11磅重，落下的速度应当比10磅重的铁球快→$10+1>10$。我通过板书，把两个不等式并列在一起，看到$10+1<10$和$10+1>10$，“以子之矛，攻子之盾”，学生的疑问便迎刃而解了。

在第二个问题理解的基础上，对第三个问题的理解是水到渠成的。让学生谈了一些佩服伽利略的怀疑精神的感受后，我话锋一转，问道：“伽利略怀疑亚里士多德，才留下了这历代传颂的佳话。时代在发展，科学技术在进步，文章里说：‘原来像亚里士多德这样的大哲学家，说的话也不是全都对的’，那么我们可不可以这样说：‘原来像伽利略这样的大科学家，做的实验也不一定是对的？’”我的话音刚落，同学们面面相觑，一副十分不理解的样子。我说：“两个铁球真的同时落地吗？我能证明伽利略的试验是错误的！”

我随手拿起一支粉笔，又撕下一块儿纸片，分别放在两只手中，高高举起，同时松手，只见粉笔瞬间跌落到地面上，摔得粉碎；而纸片像翩翩飞舞的蝴蝶，轻飘飘地着地了。同学们是一头雾水。正当同学们纳闷的时候，下课铃响了。

我说：“请同学们回去自己也做这样的试验，看刘老师正确还是伽利略正确，并找出其中的原因。下课！”

第二天才有语文课，可是当天晚上就有学生给我打电话，有的说：“刘老师，我做的试验和你的一样，但伽利略真的错了吗？”有的说：“刘老师，你骗我们，还是两个东西同时落地。”说我骗他们，这当然是玩笑话，学生和我是很亲近的。我告诉他们，先不要着急，要深思熟虑，把问题搞清楚了，等到第二天语文课上和同学们交流。又上语文课了，教室里叽叽喳喳，同学们早就议论得热火朝天。通过同学们的交流我才得知，有的同学回去以后，很认真地反复做起了实验，用不同的物体同时往楼下扔，结果发现了两种不同的现象：一种现象类似亚里士多德的结论，和老师做的实验一样，重的物体先落地，轻的物体后落地，这不就是推翻了伽利略的结论了吗？可是，如果用一只拖鞋和一只皮鞋，重量不一样，却是两个物体同时着地。真是令人费解，至今也弄不明白是怎么一回事。有的同学没有再做实验，而是向家长请教或者查阅资料，发现问题的关键是物体在下落过程中会受到空气的阻力，而且物体越大，受到的阻力就越大。再就是有时候和物体的轻重真的有关系。其实孩子们说的并不完全正确，但我也非常高兴学生们自己尝试着探究。我说："伽利略的实验没有错，是比萨城的人们亲眼所见；刘老师的实验也没有错，还有同学回家做的相同实验也没错，是同学们亲眼所见，是事实。但我们学习这一课的目的之一就是学习伽利略的怀疑精神，一定要探究一下现象背后的原因。同学们回去做实验也好，查资料也好，是因为大家对问题产生了兴趣，已经学会了一个很重要的学习方式——动脑、动手、交流。那么，现在我请大家回忆一下昨天上课以前我给大家讲的故事，谁能说出其中的缘故？"

接下来同学们的回答就比较有针对性，并且和《两个铁球同时着地》的主要内容结合起来，什么"阻力""空气""力量"等名词反复出现在同学们的口中。更可喜的是一个同学说："是老者用智慧打败了大力士。"看到孩子们在课堂上思维和语言的不断生成，我觉得这一节课非常成功，也暗自得意自己的巧妙设计。下课的时候，我布置了一项作业："同学们，《两个铁球同时着地》这篇课文给我们带来了许多思考，发生了很多的故事。请按以下三个小标题写出我们学习这节课的收获：'听来的故事''学来的故事''亲身经历的故事'。"

课，就这样结束了。

附：学生作文例文

关于《两个铁球同时着地》的故事

听来的故事

从前有一个大力士，还经常凭借着力气大欺负别人。人们惹不起，只好躲着他。有一天，一位老爷爷倒找上门来，要求和这位大力士较劲。条件是如果大力士输了，就不能再欺负人了。大力士自然是满口答应。

老爷爷随便从地上捡起一根鸡毛，交到大力士手里，自己又捡起一块石子儿，笑眯眯地说："这位壮士，咱们把手中的东西扔过房子的那一边吧。我年纪大，我先扔。"说着就把石子扔了出去，石子在空中划了一道美丽的弧线，越过房顶，落到了那一边。

大力士紧接着也把鸡毛扔了出去，可是那鸡毛刚到房檐那儿，就悠悠地落到大力士的脚下。大力士连续扔了好几次，结果都一样。老爷爷说："你年轻力壮却连根鸡毛也扔不过房去，还吹嘘什么力气大，以后可不许再欺负人!"说完扬长而去。大力士一时没有回过神来，愣愣地站在那里没动。

学来的故事

四年级的时候，语文刘老师和我们一起学习了《两个铁球同时着地》。

《两个铁球同时着地》中讲，在古代，所有的人和亚里士多德一样，都认为如果从高处落下两个大小不一的铁球，肯定是大铁球先着地，因为大铁球更重一些。而且亚里士多德认定的事儿，就是千真万确的真理。意大利的科学家伽利略却敢于怀疑亚里士多德，并且在比萨斜塔上当众做了实验。人们看到两个铁球同时落地了，不禁发出一阵欢呼。

当我们学到这里的时候，刘老师问大家："既然伽利略敢于怀疑亚里士多德，而且用事实证明古代的大哲学家错了，你们对伽利略有怀疑吗?"听到老师的提问，大家互相看了看，都摇了摇头。

只见刘老师从讲桌上拿起一块粉笔头和一片小纸，双手举过头顶："伽利略不是说物体不分大小都会同时落地吗？我现在让它们同时下落，同学们看结果如何。"说着，只见刘老师两手一松，粉笔头"啪"的一声掉到地上，而小纸片忽忽悠悠，慢慢地飘落下来。这会儿，同学们是目瞪口呆。刘老师显出很得意的样子说："请同学们回去自己也做这样的实验，看刘老师正确还是伽利略正确，并找出其中的原因。下课!"

刘老师给大家出了个难题，引起了同学们的兴趣。大家先是议论纷纷，后来有的同学干脆在教室内做起了实验。不过实验的结果都和刘老师的一样，难道伽利略真的错了？

亲身经历的故事

回到家里，我挖空心思地寻找刘老师实验的破绽，可是刘老师的实验是我们亲眼所见啊！难道伽利略真的错了？也不对，比萨城的人也目睹了两个铁球同时落地，伽利略肯定被刘老师“陷害”了。可是他们的实验区别在哪儿呢？

我一头扎到了书堆里，凡是把可能与科学有关的书都找出来，查一查里面有没有关于伽利略两个铁球同时落地的故事。经过一番艰苦的搜查，结果在两本书中找到了关于两个铁球同时落地的内容。一本是《儿童百科全书》，另一本是《科学家的小故事》。书中告诉我们，物体在下落的过程中，受到重力和空气阻力的双重作用。如果物体体积不大又很重，空气的阻力和重力相比显得太小了，可以忽略不计，就像伽利略的两个铁球一样会同时落地。如果物体重量很轻，受到的阻力又很大，当然下落得慢了，就像粉笔头和纸片一样，不能同时落地。还有一点，就是做实验时，最好是用两个相同的物体，这样容易比较。

啊，我们差点让刘老师给蒙住了。伽利略没错，还是两个铁球同时落地！不过也得谢谢刘老师，没有他的一番苦心，我也得不到这些知识。看到这儿，那个听来的故事里大力士失败的原因我们也明白了。

《语文新课程标准》提出：学生是学习和发展的主体，应积极倡导自主、探究、合作的学习方式。《两个铁球同时着地》的整体教学设计，力求体现语文课堂教学自主探究性学习的方法，教师引导学生抓住“矛盾结”统领全文，以学生的自主探索为主，通过质疑，提出问题，再读文探究，并以个人探究、小组合作、集体讨论为形式解决问题，使学生真正成为学习的主人，而教师则是语文学习的组织者、引导者、合作者。教学中以两个突出的“矛盾结”作为突破口。第一个“矛盾结”含有三个问题：（1）课文第二自然段中为什么说谁要是怀疑亚里士多德，就是要违背人类的真理。（2）伽利略在思考亚里士多德的观点时，从一个事实中却可以得出两个不同的结论。这怎么解释呢？（3）为什么文章最后说："原来像亚里士多德这样的大哲学家，说的话也不是全都对的"？第二个"矛盾结"是教师制造的悬念，文章里说："原来像亚里士多德这样的大哲学家，说的话也不是全都对的"，那么我们可不可以这样说："原来像伽利略这样的大科学家，做的实验也不一定是对的"，并用粉笔和纸片做个试验。

在解决"矛盾结"的学习过程中，教师引导学生以读书、讨论、收集资料、交流资料和实际动手试验为主要学习手段，让伽利略的伟大形象在学生的心目中树立起来。教师依据"聚疑—释疑—设疑—释疑"的教学路子，引导学生自己读书、思考、论辩，这是一个探究性学习的过程。

新的课程标准里也要求教师在教学时应选择恰当的教学策略。小学语文教材中常常有一些看似合理其实矛盾的地方，这正是探究切入的点之一。我个人认为，本课的教学过程有一个巧拨妙引，就是教师故意激将学生说："原来像亚里士多德这样的大哲学家，说的话也不是全都对的"，那么我们可不可以这样说："原来像伽利略这样的大科学家，做的实验也不一定是对的"，并用粉笔和纸片做个试验，以实际的行为引导学生充分理解"怀疑精神"。一石激起千层浪，这才有了学生们课后的资料查找、动手做实验，来体验伽利略的怀疑精神。我们很欣喜地看到，学生的学习方式有了一个大的变化，而且是兴趣使然。如果没有这一个教学环节，这一课留给学生的恐怕只有语言文字知识和对伽利略对科学追求的粗浅理解。我想这节课，体验了学习过程的同学会有深刻印象的。

建立学科间的横向联系，拓展学生学习的范围，也是这节课的特点之一。在解决第二个问题时，我让学生根据文本表述，通过学习互助、合作学习列了两个不等式，$10+1<10$ 和 $10+1>10$。我通过板书，把两个不等式并列在一起，看到 $10+1<10$ 和 $10+1>10$，学生的疑问便迎刃而解了。这涉及数学知识和简单的逻辑推理。另外，学生在解决问题的过程中，对自由落体、空气阻力等物理学知识也有了一个粗浅的学习。这些知识原来并不是语文课上需要解决的，但是新的课程理念需要我们建立起学科间的横向联系，尽管学生不能准确理解和把握，但当他们在今后再学习到这些知识的时候，会觉得那么亲切，也会想起语文的相关知识来。

八、《小苗与大树的对话》教学设计①

【设计理念】

《小苗与大树的对话》是人教版五年级上册的一篇课文。根据编者的意图，教学本文主要是让学生把握访谈的内容，进一步感受阅读的乐趣，让阅读成为终生学习的载体之一；在教学中继续开展关于阅读的综合性学习活动，为下一步的口语交际、习作学习打好基础。在本课教学设计时，要考虑到本文的定位是略读课文，也要突出本单元关于阅读习惯培养的意识，明确阅读对小学生学习能力提高的帮助作用，依托文本以学生为主体开展教学活动。

【教学目标】

（1）认识3个生字，借助拓展的学习资料和工具书，联系上下文和生活实际了解访谈内容。

（2）分角色朗读课文，分析人物身份和年龄特点来练习人物对话。

（3）能够从文本中体会到怎样读书和读什么书的阅读内涵，进一步开展关于阅读的综合性学习活动。

（4）简单了解“访谈录”文体。

【课前准备】

教师准备：《我的童年》（节选）材料。

学生准备：收集关于季羡林的资料；回顾自己的阅读习惯和阅读内容；人手一册字典。

【课时安排】

1课时。

【教学流程与设计意图】

1. 联系生活，体会阅读

上节课《窃读记》为我们刻画了一位痴迷于阅读的少年形象。阅读真的是为学习生活带来了无穷的乐趣。

（1）自由交流一下关于你在阅读方面的小故事。

---

① 刘知晓：《〈小苗与大树的对话〉教学设计》，载裴海家主编《名师同步教学设计》，山西教学出版社2006年版。

(2) 发放《我的童年》(节选) 材料。迅速浏览，看看季羡林老先生童年时期的阅读趣事。

[设计意图：联系学过的文章导入新课，在一个主题下展开新的学习内容是基本的目的。结合学生的生活实际，回顾自己的阅读生活并互相交流，有利于寻找生活与学习的切入点。学习季羡林所写的《我的童年》(节选) 材料，既是一个拓展，也是承上启下，为学习《小苗与大树的对话》奠定基础。]

2. 阅读文本，感知课文内容

季羡林老先生童年的阅读趣事不少，经过长时间的求学终成大家。让我们看看季先生晚年对阅读又有哪些认识？

(1) 学生读文。借助工具书，学习3个生字并扫清其他阅读障碍。

(2) 季羡林对于读书有哪些认识 (提出了哪些见解)？

①读书可以提高写作水平。

②要学习多方面的知识。

③要背诵古诗文，进行阅读积累。

(3) 讨论：结合实际，你觉得阅读还有哪些好处？

适机点拨：①阅读是学习知识的有效途径；②阅读可以充实生活，使生活变得更加快乐。

[设计意图：识字是必须完成的教学任务，尽管本课只有3个生字。利用字典等工具书扫清阅读障碍，是学生需要养成或进一步巩固的学习习惯。让学生简要总结季羡林所提出的关于阅读的见解，是考查学生对文章的理解程度。本文在访谈中涉及的内容除了上述总结的三点，还有关于学习外语的内容。实际上学习外语与阅读这个单元主题有些不相及，故可以不总结。引导学生讨论阅读还有哪些好处，是为了加强学生对阅读和生活联系的理解。]

3. 个性阅读，发表个性见解

既然阅读可以帮助学习知识，请大家质疑并答疑。

学生可能提出的问题：

(1) 课题所包含的寓意。为什么把苗苗喻成小苗，把季羡林喻成大树？可以结合课收搜集到的季羡林的资料理解。

(2) 何为“闲书”？结合文本内容和《我的童年》(节选) 帮助

理解。

可以提供的辩论话题：

(1) 什么时候可以看闲书？

(2) 为什么学生会偏科？可以允许学生偏科吗？

(3) 小学生应该背诵200首古诗和50多篇古文多吗？

[设计意图：此教学环节的设计，主要是落实阅读综合性学习活动。质疑与答疑是学生喜闻乐见的教学活动，可以丰富地展示学生的个性见解，又可以帮助学生深刻地理解文本内容。学生的质疑决不限于所提供的两条，学生辩论的话题也绝不限于三个问题。教师要善于捕捉学生提出的有价值的内容，推而广之，适时生成课堂教学的内容。]

4. 朗读课文，体会人物特点

(1) 谁能说出这篇课文与其他文章在形式上有什么不同？

(2) 什么是一问一答式——访谈录？

(3) 访谈录在形式上有什么特点？

参考“苗苗，现在你是采访者，我是被采访者，你问我答，好吗？”说说季羡林的性格特点。

这一老一小，一个是德高望重学有建树的著名学者，一个是刚开始求学的小学生，他们俩在年龄、阅历、学识上有着巨大的悬殊，却在平等和谐的气氛中就阅读展开了逐步深入的交流。在两者的对话中，要使听众能感受到苗苗的稚气与礼貌，更能感受到季老的亲切幽默、平易近人，还有对下一代的殷切希望与深深关爱。

[设计意图：本课作为访谈录是学生第一次接触到的文体，应该让他们有一个感性的认识。在分角色朗读时，也可以进行模拟采访，要读得像说话一样自然，毫不做作才好。在朗读中要把握住人物对话的基调：苗苗是个热爱读书的小学生，谦虚好问，对季老的尊敬崇拜溢于言表；而季老毫无名人架子，亲切随和，在幽默的谈吐中善于诱导，满含着对下一代的关爱之情。教师可引导学生结合插图，更好地体会人物的年龄、身份与情感。文中有许多多音字，要注意读准确。]

同学之间以读书为话题进行访谈，必要时课后进行习作拓展训练。

附录

我的童年（节选）

季羡林

我虽然对正课不感兴趣，但是也有我非常感兴趣的东西。那就是看小说。我叔父是古板人，把小说叫做“闲书”，闲书是不许我看的。在家里的时候，我书桌下面有一口盛白面的大缸，上面盖着一个用高粱秆编成的“盖垫”（济南话）。我坐在桌旁，桌上摆着《四书》，我看的却是《彭公案》、《济公传》、《三国志演义》等等旧小说，《红楼梦》大概太深，我看不懂其中的奥妙，黛玉整天价哭哭啼啼，为我所不喜，因此看不下去。其余的书都是看得津津有味。冷不防叔父走了进来，我就连忙掀起盖垫，把闲书往里一丢，嘴巴里念起“子曰”、“诗云”来。

到了学校里，用不着防备什么，一放学，就是我的天下。我往往躲到假山背后，或者一个盖房子的工地上，拿出闲书，狼吞虎咽似的大看起来。常常是忘记了时间，忘记了吃饭，有时候到了天黑，才摸回家去。我对小说中的绿林好汉非常熟悉，他们的姓名背得滚瓜烂熟，连他们使用的兵器也如数家珍，比教科书熟悉多了。自己当然也希望成为那样的英雄。有一回，一个小朋友告诉我，把右手五个手指往大米缸里猛戳，一而再，再而三，一直到几百次，上千次。练上一段时间以后，再换上砂粒，用手猛戳，最终可以练成铁砂，五指一戳，能够戳断树木。我颇想有一个铁砂掌，信以为真，猛练起来，结果把指头戳破了，鲜血直流。知道自己与铁砂掌无缘，遂停止不练。

每次回忆起学习英文的情景时，我眼前总有一团零乱的花影，是绛紫色的芍药花。原来在校长办公室前的院子里有几个花畦，春天一到，芍药盛开，都绛紫色的花朵。白天走过那里，紫花绿叶，极为分明。到了晚上，英文课结束后，再走过那个院子，紫花与绿叶化成一个颜色，朦朦胧胧的一堆一团，因为有印象，所以还知道它们的颜色。但夜晚眼前却只能看到花影，鼻子似乎有点花香而已。这一幅情景伴随了我一生，只要是一想起来学习英文，这一幅美妙无比的情景就浮现到眼前来，带给我无量的幸福与快乐。

【特别建议】

本文的定位是略读课文，在进行教学时，对理解课文内容的要求要低于对精读课文的要求，一般是“粗知文章大意”。只要抓住重点、难点，帮助学生大体理解内容即可，词句的理解不作为重点。在教学方法上，教师要更加放手，突出学生的学习主体地位，要让学生运用在精读课文中获得的知识与方法，自己把课文读懂。学生可以按照教师的提示，独立阅读、思考、交流，初步体会内容；然后就一两个重点问题，引导学生讨论、交流。在具体的词句学习上，可不必多做要求。因为这是学生首次接触访谈录，所以要求初步认识此文体。由于访谈录采取一问一答的双向交流形式，学生容易理解，有兴趣的前提下可针对某一话题进行一次小练笔。

九、语文园地教学设计①

【设计理念】

第八组语文园地安排在人教版五年级上册。根据编者的意图，第八组语文园地设计了口语交际、习作、回顾、拓展四项，内容比较丰富，体现出内容的可供选择性和学习活动学生主体性的特点。因此，在进行教学设计时要突出三个特点：使学生成为学习的主体；尊重学生的选择；教学要求适当，不能随意拔高。

【教学目标】

(1) 以“我爱看的革命影视作品”为题进行口语交际练习。

(2) 进行场景描写片段练习或故事（文章）梗概写作练习。

(3) 回顾、总结、交流本学期的学习收获。

(4) 学习毛泽东所作《卜算子·咏梅》和成语故事《大公无私》，进行语文知识积累。

【课时安排】

口语交际1课时，习作2课时，“交流平台”2课时，“日积月累”

---

① 刘知晓：《〈语文园地〉教学设计》，载裴海安主编《名师同步教学设计》，山西教育出版社2006年版。

“成语故事”1课时。

【教学流程与设计意图】

第一课时

口语交际“我爱看的革命影视作品”

这次口语交际是围绕本组专题安排的，让学生从看过的有关毛泽东或其他革命领袖、英雄人物的电影、电视剧中，选一部印象最深的推荐给大家。若没有看过这类题材的电影、电视剧，也可以讲一个自己听过或读过的革命领袖和英雄人物的故事。进行这一话题的训练，不仅在于训练学生的口头表达和交际能力，同时是对本组课文学习的拓展和延伸，可加深学生对革命领袖和英雄人物的崇敬之情。

课前布置学生观看有关毛泽东或其他革命领袖、英雄人物的电影、电视剧，并告知本次口语交际的相关要求。讲故事类的口语交际要求一般是：①讲述者要把故事发生的时间、地点、主要人物、发生了什么样的一件事、事情的结果等交代清楚，在精彩之处还要把人物的动作、语言、表情生动地表现出来。②故事不能太长，当堂讲述应控制在三分钟左右。③其他同学要认真倾听并要做出评价，教师要告诉学生应经常用掌声鼓励别人。④其他同学对不明白的地方可以交流，也可以补充或者纠正不正确的地方。

学生简要汇报所观看影视的名称或准备讲的革命故事的题目。

按照学生汇报的内容划分成若干个小组，分别命名。

各组按照口语交际的要求，讲清楚作品名称、主要人物、故事梗概、精彩情节、观（读、听）后感想；其他组员要认真听，抓住要点，有不清楚的地方可直接询问，还可以补充相关情节或谈自己的感想。

各小组推荐出优秀者，参加“革命故事演讲会”。演讲内容不再是介绍影视，只讲影视人物的精彩片段和其他的革命故事。有时间限制，有表情、语言、动作的要求。

第二、三课时
场景描写片断练习或故事（文章）梗概写作练习

本次习作安排了两个内容供学生选作：一是学习《开国大典》场景描写的方法，按时间顺序描写一个场景；二是从最近读过的文章或看过的影视作品中，选择其一写梗概。

一、指　导

1. 写场景

（1）播放电影《开国大典》阅兵式片断，并出示《开国大典》一文有关场景描写的片断。

毛主席宣读公告完毕，阅兵式开始。中国人民解放军朱德总司令任检阅司令员，聂荣臻将军任阅兵总指挥。朱德总司令和聂荣臻将军同乘汽车，先检阅部队，然后朱总司令回到主席台，宣读中国人民解放军总部的命令。受检阅的部队由聂将军率领，在《中国人民解放军进行曲》的乐声中，由东往西，缓缓进场。开头是海军两个排，雪白的帽子，跟海洋一个颜色的蓝制服。接着是步兵一个师，以连为单位，列成方阵齐步行进。接着是炮兵一个师，野炮、山炮、榴弹炮、火箭炮，各式各样的炮，都排成一字形的横列前进。接着是一个战车师，各种装甲车和坦克车两辆或三辆一排，整整齐齐地前进；战士们挺着胸膛站在战车上，像钢铁巨人一样。接着是一个骑兵师，"红马连"一色红马，"白马连"一色白马，五马并行，马腿的动作完全一致。以上这些部队，全都以相等的距离和相同的速度经过主席台前。当战车部队经过的时候，人民空军的飞机也一队队排成人字形飞过天空。毛主席首先向空中招手。群众看见了，都把头上的帽子、手里的东西抛上天去，欢呼声盖过了飞机的隆隆声。

两个半钟头的检阅，广场上不断地欢呼，不断地鼓掌，一个高潮接着一个高潮。群众差不多把嗓子都喊哑了，把手掌都拍麻了，还觉得不能够表示自己心里的欢喜和激动。

师生共同分析场景描写的流程特点：阅兵式开始⇒受检部队入场⇒

海军排⇒步兵师⇒炮兵师⇒战车师（空军飞过）⇒骑兵师⇒群众欢呼雀跃。

这样的描写场景，既具体有序，又清晰明白。再加上环境衬托，显得生动丰满。

（2）师生共同交流，从中体会到场景描写的基本方法：场面描写常常出现人多、事多、物多、景多的情况，先写什么，怎样写才能使人感到层次清楚，就成为值得注意的问题。常见的写法有总分顺序、空间顺序、时间顺序等。一个场面的安排究竟采取怎样的顺序，要根据特定场面的具体需要确定。此外，还应注意把握场景，写出气氛。众多人物活动的场面，无疑会营造出种种不同的气氛，有热闹的，有冷清的，有欢乐的，有悲哀的。真实地再现某一特定场合下的特定气氛，有助于表现所描绘场面的特点。

2. 写梗概

（1）找学生熟悉的故事，利用小人书或者儿童读本的“内容提要”部分为例，让学生初步认识写梗概的概念。

例如，同学们熟悉的《小兵张嘎》，原本是一部中篇小说，拍成电影后播放长度达一个多小时。用简短的话可以概述为：抗日战争时期，生长在白洋淀附近的张嘎，目睹了奶奶为掩护八路军被日寇杀害和八路军侦察连长钟亮被敌人抓走，决心报仇，想找到游击队跟他们一起生活。可他没有枪。为缴获一支枪，他把游击队长罗金保误当作汉奸，闹了笑话。在一次战斗中，嘎子真的缴获了一支“真家伙”。为了不让队长把枪收去，他竟违反纪律，将枪藏进树上的老鸹窝里。攻打敌人岗楼时，他偷偷从养伤的老乡家里跑回参战，不料在进城侦察时被捕。在敌人审问时，嘎子刚强不屈，并在战斗中设法逃出，配合游击队拔掉岗楼，救出钟亮。战斗后，嘎子把枪主动取回交公。区队长正式宣布接收他为八路军小侦察员，并把这支枪交给他使用。

讨论：故事梗概和故事原文有什么关系？（提示：故事梗概和故事原文的关系主要表现为故事原文详细、有一定长度、是作者的原创；故事梗概则是故事原文的缩写，主题和内容不能改变，字数较少。）

（2）写梗概一般要经历如下过程：①熟悉文本（作品）；②厘清脉络，抓住重点；③用简洁的语言归纳概括。

(3) 再利用学生熟悉的课文为例，写出梗概，给学生示范。

二、习 作

1. 学生可以从联欢会、运动会或者看过的影视中，选择自己认为比较精彩的场面中的一个场景，先口述，打腹稿，然后写作。注意要求学生场景描写要清楚、具体。

2. 学生也可以选择写作故事或者文章梗概。由于是初次写作，要求不必过高。

第四、五课时
交流平台

本次“交流平台”安排的交流任务比较重，包括三个方面的内容：①眼中的毛泽东是什么样的；②有关场面描写和人物描写的方法及运用；③本学期语文学习的收获。其中前两方面的内容是针对本组而言的，第三个方面是针对全学期而言的。

这个栏目是低、中年级“我的发现”的进一步发展，引导学生在一组教材学习之后，交流收获、体会，特别是侧重阅读、习作、习惯养成的某一方面，进行交流小结，以渐渐悟到读写的一些基本方法，养成良好的学习习惯。

一、“毛泽东印象”

通过本组课文的学习，学生已经接触了大量关于毛泽东的资料，从课文中也了解了毛泽东的一些历史故事和他在人民群众中的地位，对毛泽东有了一些认识。但因为毛泽东是历史人物，和小学生有一定的距离，谈毛泽东难免会生搬硬套，用别人的印象代替自己的印象，教师一定要注意引导。可以先布置学生与家长进行一次关于毛泽东的对话或上网搜索阅读关于毛泽东的故事。

教学时，首先要鼓励学生大胆发表意见，认识多少就谈多少，认识到什么程度就谈到什么程度。在学生充分发表意见的基础上，教师也要进行必要的梳理和归纳，特别是对学生可能产生的偏颇认识要积极引导，以帮助学生建立正确的认识。无论是学生发表意见，还是教师梳理、归纳，都要特别注意紧密联系课文实际，既要有观点或想法，也要有丰富的事实材料支撑自己的观点和想法。

二、关于人物及场景的写作方法

1. 回顾本组课文和《语文园地》的习作部分，让学生谈谈收获。

（1）人物描写不能仅仅写外貌和事件，更应该在事件中刻画人物的语言、动作，甚至心理活动。例如，本组课文《青山处处埋忠骨》，通过对毛泽东动作、语言、神态的细致刻画来反映毛泽东的内心世界。如语言描写：主席情不自禁地“喃喃”地念着儿子的名字“岸英！岸英！”又如动作描写：“用食指按着紧锁的眉头”，“整整一天没说一句话，只是一支又一支地吸着烟”，“桌子上的饭菜已经热了几遍，还是原封不动地放在那里”。再如神态描写：“主席仰起头望着天花板，强忍着心中的悲痛，目光中流露出无限的眷恋。”这些传神的细节描写，朴实无华而又生动形象，表现了毛泽东既有着跟普通人一样的丧子之痛，又有着伟大人物的胸怀。教师要提醒学生在今后的习作中予以运用，但不可强用。

（2）场景描写在习作中有具体指导，在此不做具体说明，但要求学生在一定程度上能够从本组课文特别是《开国大典》的会场、阅兵、游行等场景中体会场景的描写方法，并且通过口头交流的方式说出来。

2. 学生以自己的习作为例交流场景描写和人物描写的方法。

进行此环节教学时，可以挑选习作水平较高的学生展示同学们熟悉的场景描写或人物描写，注意让其他同学在倾听后总结其写人写场景的方法，并与上面的指导环节相对应。同时，这对习作中落实场景描写和人物描写方法不到位的同学又是一次教学过程。

三、本学期的学习收获

1. 教师提前布置学生收集本学期的语文作业、考试试卷、习作本、读书笔记、资料卡片、登录过的学习网站名称以及所读过的课外书。

2. 让学生在教室里布置一个展览，挑选自己最得意的部分进行交流。同学们可以互相参观。

3. 每人可以根据下列选题进行总结交流：

(1) 你在本学期学到了哪些好词好句？

(2) 你认为你的口头交际能力有哪些进步？

(3) 你认为在语文学习方面有哪些好的习惯？

(4) 你最得意的习作是哪一篇？好在哪里？

(5) 你读过多少本课外书？背诵过多少名篇？在同学们面前展示一下。

第六课时
日积月累和成语故事

一、《卜算子·咏梅》

1. 让学生利用工具书，读熟背诵《卜算子·咏梅》。

2. 教师简单介绍毛泽东写作《卜算子·咏梅》的历史背景。

3. 学生自己疏通大意，同学之间交流。教师备咨询。

这首词写于 1962 年冬，当时正是帝国主义联合起来反华闹得正凶的时候，也是我国遭受三年困难的时候。毛泽东写此词，首先在干部中传阅，用意在鼓励大家敢于蔑视困难，战胜困难。词的大意是：

风风雨雨刚把春天送走，
漫天飞雪又迎春天来到。
看悬崖已结下百丈坚冰，
凌寒霜却盛开花枝艳俏。
虽艳俏却不同桃李争春，
只把那春消息向人间预报。
等鲜花光灿灿开遍山野，
那梅花在花丛摇曳含笑。

4. 补充陆游的《卜算子·咏梅》，让学生熟读成诵。

卜算子·咏梅

驿外断桥边，寂寞开无主。

已是黄昏独自愁，更著风和雨。

无意苦争春，一任群芳妒。

零落成泥碾作尘，只有香如故。

二、成语故事《大公无私》

学生查阅辞典，解释“大公无私”的意思。

学习成语故事《大公无私》，看看祁黄羊如何举贤，孔子又是如何评价他的。

用“祁黄羊举贤”的事例来印证辞典对“大公无私”的解释，并举例说明周围生活中大公无私的事例。

十、《遇到火灾怎么办》教学设计①

【教材分析】

这篇文章是《品德与社会》（山东人民出版社）四年级（上）中第三单元“安全的生活”中之“从119谈起”一节的内容。火灾是生活中常有的灾害性现象之一，会危及人们的生命和财产安全，必须引起我们的重视。当火灾出现时，我们要积极应对，采取必要的措施，一是寻求消防部门的帮助，二是要安全逃生。小学生年龄小，生理和心理的发展水平不允许他们参与救火，只能要求他们做到电话报警和火场逃生。按照教学进度和课时分配，教学《遇到火灾怎么办》需要1课时。

在这一课中，教材呈现的内容是：当火灾出现时，要正确拨打“119”，要迅速逃离险境。正确拨打“119”，应该报出失火地点，简要说明火势和现场周围环境。逃离险境应该用湿毛巾捂住口鼻；选择好逃生路线；暂时躲避，等待救援等。教材提供的学习方式是讨论、资料提示和指示。

通过分析教材和学生的生活实际，我决定采取比较灵活的教学思路。教学目标基本不变，教学方式要通过讨论、演示、总结（卡片）等形式完成，引导学生在“乐学”中完成对灾害性事件的认识。

① 刘知晓：《〈遇到火灾怎么办〉教学设计》，2009年东营市暑期教师培训示范课例。

【教具准备】

1. 教学课件《蜡笔小新火场逃生记》。

2. 每生一个信封，内装卡片纸和一张餐巾纸（充当湿毛巾道具）。

3. 细绳两根，分别写有“电梯”“楼梯”的卡片各一张。

【教学过程】

1. 教师将信封发至学生手中，吩咐不要打开，放置一边，以免转移注意力。

2. 让学生看老师把两根绳分别横拦在学生下课时的两侧出口，请同学们猜一猜：老师为什么这样做？

（写有“电梯”“楼梯”的卡片要趁学生不注意时，请听课老师帮助挂好。）

3. 单口相声《汽车喇叭声》入课。请问：同学们谁家失过火？谁见过失火？

4. 根据你的经验，失火以后应该怎么办？

5. 教师及时总结归纳学生发言。请学生模拟电话报警，正确拨打“119”。

6. 播放教学课件《蜡笔小新火场逃生记》。请同学们回答，蜡笔小新是如何从火场逃生的？对你有什么启发？

7. 教师及时总结归纳学生发言。特别指出，发生火灾时要走楼梯，不要走电梯，并请同学上台演示如何用湿毛巾捂住口鼻匍匐逃生。

8. 请问同学们，你还能想出哪些逃生方法？

9. 根据以上你的生活经验、蜡笔小新的逃生策略和老师所肯定的你的创新思考，在卡片上总结“火场逃生宝典”，几条都可以，写下来回去向家人和朋友进行宣传。

10. 选取不同的内容，请数名同学口头交流。

11. 宣布下课，模拟火场逃生，考验学生如何分辨细绳处写有“电梯”“楼梯”的卡片。

十一、《走进网络时代》说课设计①

【说教学目标】

《走进网络时代》是《品德与社会》（山东人民出版社）五年级上册第二单元中的第三课，由“走进网络时代”和“警惕网络陷阱”两部分内容组成。主要内容是让学生知道网络给人们的生产、生活带来许多方便，了解相关的网络知识，学会辨析网络信息，遵守上网规范，做一个文明小网民。根据《品德与社会》课程标准的有关规定，通过学习，使学生体会报刊、广播、电视、网络等现代传媒与人们生活的关系，学习利用传媒安全有效地获取信息，遵守网络道德规范，努力增强对各种信息的辨别能力。正是在这一思想的指导下，教材安排了这组教学内容。

教学《走进网络时代》，我给学生界定的情感目标是：①通过学习，感受高科技给我们的生活带来的影响与变化，培养学生热爱科学、崇尚科学的品质；②加强明辨网络生活方式的是非观念。应该达成的能力目标是：①在学习过程中，培养学生收集资料、整理思路、清晰表达的能力；②提高学生观察、辨析和使用网络的能力。需要完成的知识目标是：①了解网络在生活中的一些用途；②学会发送电子贺卡和邮件；③知道长时间上网的危害和防范网络陷阱的一些方法。

【说教法和学法】

五年级的学生，尤其是城市学校的五年级学生，对网络并不陌生。学校和相当一部分家庭都实现了和互联网的连接，学习、工作、娱乐都与网络产生了密切的联系。从学生已有的生活经验出发开展教学，是达成学习目标的基本途径。教师设置必要的教学场景和平台，通过让学生观察、思考、交流、动手操作等形式，在独立思考、互相交流和合作操作的过程中，体验和辩证分析网络给我们的生活带来的变化和影响，学会有效地利用网络并遵守网络道德规范。

鉴于本科教材提供的内容，设计教学时数为2课时。

教师需要准备好多媒体、录像片断（课件）、表格、纸张、手提电

① 刘知晓：《〈走进网络时代〉说课设计》，2009年东营名师比赛说课设计稿。

脑4~6台（带上网卡）。

【说教学过程】

第一课时

一、认识网络

1. 利用上课用的多媒体，让学生现场指说各部分名称。

2. 谁家中安装了网络设备？（看学生能否说出机型、放在什么地方、谁是使用者等）

3. 帮助老师解决难题：

（1）“潮平两岸阔”的下句是什么？（意在让学生知道“网络搜索”）

（2）出示一份手写稿，问：“谁课后帮助老师打印一下?”（意在让学生知道“文字处理”）

（3）即时邮寄一份稿件。（意在让学生知道“电子邮件”）

（4）张老师每天和远在国外的女儿见面聊天，这是为什么？（意在让学生知道“视频聊天”）

二、介绍网民

1. 发放第一张表格，学生独立完成，然后交流。

“身边的网民”

家庭成员或者身边的同学	是否经常上网	上网的主要原因是什么

此环节意在让学生了解网络可以帮助我们浏览信息、阅读、游戏、写作、炒股等。这些内容是我们生活的一部分。

2. 发放第二张表格，学生合作完成，然后交流。

“我所知道的网民”

社会成员	是否经常上网	上网的主要原因是什么

此环节意在让学生了解网络可以帮助我们实现远程教育、远程医疗、远程会议等。这些内容改变着我们的生活方式。

3. 发放第三和第四张表格，学生独立完成，然后交流。

“我的网友”

网友名称	是否经常上网	上网和你交流什么

“我是网虫”

网　名	是否经常上网	QQ 号	邮　箱	经常浏览的网页

三、我来帮你

根据以上的教学，学生对网络的了解程度老师已经摸清。利用事先准备好的手提电脑，采取现场上网的方式，分小组进行合作学习，对那些接触网络比较少的学生进行现场教学，利用“兵教兵”的策略，让学生对网络有一个现场熟悉的过程。

四、我的收获，请不同学情的学生谈谈网络对生活的影响

略。

五、总结下课

第二课时
回顾网络

让学生对上一节的内容有一个回顾和思考的延伸：网络真的好吗?

一、认识网络陷阱

播放"'熊猫烧香'案件"和"网络诈骗案件"的组合课件，让学生谈谈感受。

播放一段某网吧的现场录像，对部分学生因上网荒废学业的事情谈谈感受。

老师读一篇网络语言组成的学生习作，让学生谈感受。

请学生补充自己知道的"网事"，和同学们交流一下。

以上四个小环节，意在让学生明白网络已经成为我们生活的一部分，但是它在给我们的生活带来极大便利的同时也带来了一些负面影响，如网络病毒、网络诈骗、青少年沉迷网络等。

二、辨析网络

1. 小组合作：请逐一列出你有可能遇到的网络陷阱，并用适当大小的圆圈画出来，在一边标注上陷阱名称。

2. 给陷阱加个盖：针对不同的陷阱名称，小组讨论出相对应的防范措施，用大一号的圆圈覆盖在陷阱上，并讲出如何防范，汇报交流。

三、制定网络公约

出示《互联网上网服务营业场所管理办法》的有关内容，结合两节课所学内容，小组合作，制定出本班网络公约。

四、和同学们约定好，期末评选"十佳小网虫"

五、总结下课

十二、《西双版纳》教学实录[①]

（一）欣赏傣族音乐《月光下的凤尾竹》

师：同学们，听到这优美的音乐，你想到了什么？

生：我仿佛看到了一片树林。

生：听了音乐，我有一种曲径通幽的感觉。

生：我好像看见森林里有很多的动物。

生：我知道这是一首西双版纳的歌曲，名字叫《月光下的凤尾竹》。

生：这是一首傣族歌曲。

（教师根据学生以上的回答及时给予激励性评价）

师：同学们的想象力真丰富！说得非常正确。这的确是一首描写生活在西双版纳地区傣族人民生活的一首歌曲——《月光下的凤尾竹》。同学们，今天我们就伴随着美妙的音乐一起走进西双版纳——一个神奇而又美丽的地方。

（评：用学生不太熟悉的音乐导课有两种好处：如果学生真的不熟悉，可以引导学生发挥想象，及时鼓励，为下面的课堂教学继续开发想象能力做个铺垫；如果学生略知一二或者学习得很到位，则更加鼓励，充分调动学生的学习积极性。当然，所选取的音乐一定得和主题相符。）

（二）板书课题入课

师：同学们，看到黑板上这四个字，你们知道“西双版纳”是什么意思吗？

生：“西双版纳”是傣语。“西双”是“十二”，“版纳”是指比县小的行政区域。

师：说得非常正确。这位同学，你是怎么知道的？

生：我从书上看到的。

师：真是个有心人。同学们，你们谁去过西双版纳？

---

① 刘知晓：《〈西双版纳〉教学实录》，山东省第四届小学社会教学能手评选活动现场执教课例。

众生：没去过。

师：那同学们想象一下，西双版纳会是一种什么样子呢？

生：西双版纳有森林，有大象。

生：我知道西双版纳的人们穿着漂亮的衣服，能歌善舞。

生：西双版纳有很多的树林、草地，还有竹林。

师：对，刚才我们听的曲子就是《月光下的凤尾竹》嘛。心想不如眼见，下面老师给大家放一段关于西双版纳的风光片，让我们看一看西双版纳究竟是什么样子。

（播放录像）

师：看完了录像，同学们对西双版纳有什么更深的了解吗？

生：我看见西双版纳有茂密的森林，到处是绿色。

生：我看见好几个人骑着大象在走路。

生：西双版纳有河水，河水很大，还有小溪。

生：傣族人在过泼水节。

生：我还看见很多外国人在西双版纳旅游。

（教师根据学生的回答及时给予激励性评价）

师：同学们观察得真仔细，收获也不小。西双版纳是一个好地方，吸引了无数的中外游客。可是要真正了解一个地方，看一段录像，大家谈一谈印象，这是很不够的。我们今天学习这一课，同学们想了解关于西双版纳的什么内容呢？

生：我想知道西双版纳在哪里。

生：我想知道西双版纳有哪些东西。

师：这位同学，你能不能说仔细一些，具体地讲，你想了解什么？

生：我想了解西双版纳有哪些动物。

生：我想了解西双版纳是怎么形成的。

生：我想了解西双版纳人们的生活，怎么住？吃什么？

生：我想知道西双版纳有哪些历史上留下来的东西，比如说建筑什么的。

……

师：听了同学们的回答，我替大家简单总结一下，同学们要研究的大约是这么五方面的内容：地理、风光、饮食、民居、文化。（分别板

书）

咱们今天正好分了五个组，每组自选一个专题进行研究。小组长请站起来，你可以代表小组选题，重任在身。咱们男同学让女同学先选，个高的同学让个矮的同学先选，好不好？

（学习小组在愉快的气氛中选好研究课题）

（评：本环节的设计基于学生的实际生活经验，考虑到学生对西双版纳的陌生认识，设计了想象—看录像资料—再交流—根据兴趣选取研究专题的环节。这样做，一是符合小学生的认知特点和规律；二是尊重学生的学习主体地位，以学定教。）

（三）小组分专题研究

师：老师这里有一部分资料，现在分发到各个小组；同学们手中的课本也是重要的资料；教室左侧有一部分关于少数民族风俗的书籍和地图册，右侧有两台电脑，里面有关于西双版纳的文字和声像资料；在座的老师和专家也是你遇上疑难问题时的良师益友。有了这么多的帮助，再加上小组的合作，我相信同学们一定会有很大的收获。

（老师将中国地形立体图送给研究西双版纳地理的小组，并分别到各小组辅导。学生有的围在座位旁指点、交谈、记录，有的在翻阅图书，还有的围在电脑旁浏览网页、议论交流。老师在辅导过程中对学生提出的学习建议给予充分肯定）

（评：学生收集资料和教师准备资料同样重要。学生准备资料的过程是学习的过程，教师为学生准备资料是为了帮助学生完成学习目标。这种设计体现了教学资源的多样化，如课本、与教学内容相关的图书、网络资源、教师同学等人力智能资源，同时也转变了教师教的方式和学生学的学习方式。另外，在这个环节中，教师要注意指导学生准确地有选择地查阅资料，并做好辅导工作，因为学生的自主合作学习不排除教师的参与。）

（四）小组交流

师：刚才我发现同学们讨论得很热烈，很好地完成了学习任务，现在进行小组汇报。在汇报之前我提一个要求，同学们要认真倾听别人的发言，尤其是今天咱们是选题研究，听别人的汇报，就是在学习新知识。

（地理专题组汇报。两个学生抬着中国地形立体图到讲台，一个学生指着地图汇报）

生：西双版纳在我国的西南部，云南省南部，首府是景洪。这条竖线是澜沧江，从西双版纳中间流过。

师：（手摸着地图）西双版纳这个地方怎么疙疙瘩瘩的呀？

生：这个地方95%以上都是山地，西双版纳是个多山的地方。

师：汇报得非常好。你们挑选一则能体现西双版纳地理位置的资料，粘贴在黑板上“地理”两字的下面。

（风光专题组汇报）

生：（上台到实物投影仪旁边）我们小组准备用文字和图片两种形式进行汇报。（拿出课本）西双版纳生长着茂密的森林，一年到头郁郁葱葱，繁花似锦，好一派迷人的热带风光。这里主要是说西双版纳有很多的原始森林，四季常绿。另外，森林里有大象、孔雀、猿猴等动物，这是一幅图（指示）——野象、孔雀、金丝猴……

生：我想补充一点，就是西双版纳也有很多的水果，这里有一幅图，上面有菠萝、芒果；另外课本上说，西双版纳有橡胶，是我国重要的橡胶产地。

师：汇报得很好。其他同学还有补充吗？

生：西双版纳被称为“植物王国”和“药材之乡”。

师：关于西双版纳的风景图片很美，同学们说得也很对，我只是想告诉同学们，将来有机会一定亲自去一趟西双版纳，真正领略那里的热带风光。请你们小组也挑选一幅有代表性的图片，粘贴到黑板上。

（饮食专题组汇报）

生：老师，我们画了一些傣族的食品，可以吗？

师：可以。不过你们先向同学们简单介绍一下傣族食品的特点和名称。

生：傣族的食品风味独特，有竹筒饭、香茅草烤鱼、酸肉、黄蚂蚁蛋，还有青苔。

师：你这样说我们只闻其名，不见其物，还是让我们看看你们的画作吧。

生：（投影展示）这是我画的“香茅草烤鱼”，这是李云画的酸肉。

生：这里还有一幅“竹筒饭”，也是傣族的风味食品。

师：这样吧，你们把自己画得满意的最香的饭菜贴到黑板上，让大家一起欣赏。同学们，掌声感谢！

（民居专题组汇报）

生：（上台投影展示）竹楼是西双版纳地区最普遍的建筑，一般分两层。上面住人，下面放杂物或者养牲畜。

师：你们能说出竹楼的好处吗？

生：防潮，防蛇，还有通风。

师：我听说远古的时候，傣族人并不住竹楼，尽管这个地方竹子很多。后来为什么住竹楼，这里面有一个传说，谁知道？

生：我知道。原来这里的人大部分有腰酸腿疼病，但不知道为什么。后来诸葛亮领兵到了西双版纳，人们知道诸葛亮很有智慧，便去问他。诸葛亮说，你们按照我帽子的形状建造竹楼，腰酸腿疼病就会好了。所以，傣族人开始住上了竹楼。

师：你这个传说是从哪里听来的？

生：刚才我从微机上的资料看来的，您发给我们的资料中也有。

师：真是个学习上的有心人。不管传说是否属实，但竹楼确实能体现西双版纳地区独特气候条件下的建筑特点。请把竹楼的图片贴到黑板上。

（文化专题组汇报）

生：我们通过研究，知道了傣族有泼水节，傣族人喜欢跳舞。

师：到讲台上把你们的资料展示一下。

生：（上台展示）这是傣族的歌舞照片，这是傣族人穿的衣服，这是泼水节，这是佛塔。

师：西双版纳怎么会有佛塔呢？

生：因为傣族人信奉佛教，每个村寨都有佛塔。

师：说到傣族的舞蹈，我特别喜欢看，尤其是杨丽萍的孔雀舞。咱们班级谁会跳孔雀舞？

（生无响应）

师：据我所知，李云同学就会跳。跳得不好不要紧，首先得有展示自己的勇气！来，掌声有请李云同学为我们现场表演一段孔雀舞。我们和她一起动起来！

（音乐声起，李云同学上台表演，部分同学稍有跟随。伴着音乐，老师让李云同学逐渐跳到学生群中。音乐渐止，师生鼓掌）

（评：由于本环节的交流属于双向交流，交流的内容实际是专题性学习的新内容，所以教师特别注意培养学生的课堂接受能力，提醒学生倾听别人的发言也是学习的一种形式和能力。学生在交流过程中涉及的内容，可以超越教材，也可以小于教材，但交流的形式不能统一。本环节交流的形式有文字和图片，有口头汇报和上台展示，板书内容也别具一格。此处缺少一个让学生整体掌握西双版纳风土人情的设计，是个缺憾。）

（五）小　结

师：下课铃响了，咱们的西双版纳之行结束了。在这节课上，我们共同学习了西双版纳的风土人情。俗话说，百闻不如一见。有朝一日，我们会真正地踏上西双版纳的旅途！谢谢同学们，再见！

（总评：本节课教学从学生已有的生活经验出发，利用学生的生活经验，使之与具体的教学内容建立联系，而不是把具体的教学内容当作学生完全不懂的东西来灌输；转变学生的学习方式，运用自主学习、合作学习、探究学习等学习方式，使学生成为真正的学习主体。在教学时我们欣喜地发现，学生不是被动的接受者，而成为主动的参与者，成为学习的主人，而且充分地运用了课程资源，最大限度地拓展了课堂教学空间。）

十三、《说说我们的学校》教学实录[①]

【活动目标】

《说说我们的学校》是义务教育课程标准实验教科书《品德与社

---

① 刘知晓：《〈说说我们的学校〉教学实录》，载张茂聪主编《小学社会科领域课程与教学丛书》，山东人民出版社2005年版。

会》第三册第二单元“可爱的学校”中的第一课。根据教材的安排，这一课学生要达成的活动目标是：

情感目标。热爱学校；形成积极主动的求知欲，实事求是的评价观念；对学校有较强的责任感和主人翁意识。

能力目标。根据自己的评价标准和审美感受，收集自己需要的信息；表达一种积极向上的来自学习环境的感受。

知识目标。了解学校的基本布局，对学校环境和主要设施做进一步了解。

【活动思路】

教材所提供的学习内容和活动路径是，小刚带领远方的小妹妹参观自己的学校，通过参观校园的雕塑、板报、操场、教学楼，让学生感受到这是一所美丽的学校。来自农村的小妹妹也和小刚交流了农村学校的情况。学生根据自己不同的学校情况制作了一张关于学校的资料卡，教材提供了一段关于潍坊胜利东街小学的文字材料。最后是交流环节，用以拓展关于学校的历史沿革、学制区分等知识层面。

其实每一所学校都有自己的坐落方位、教学设施、校容校貌，教材只是一个参考。给哪里的学生上课就要遵从哪里的具体真实的环境，遵从学生自己独特的感受，遵从学生自己独特的表达。教师是执教者，是学生学习活动的合作者、指导者、评价者，不能用自己的审美价值来影响学生。因此，执教这节课要让学生自己选择进入其视野的学校设施和环境内容，自己做出相应的评价并表达出来。

在活动设计上，还要突出趣味性，不能仅以教材或实际的参观和表述为主。最好上课时师生能在校园中，学生可以置身于实际环境，借景抒情，借景育情。因为是观摩课，要在离学校很远的报告厅上课，教学活动设计只好另辟蹊径。我根据电视节目中的DV制作，设计了让部分学生自拍校园环境，所拍摄的学校设施是自主选择、自己喜欢的，基本上涵盖了学生的学习环境。然后评价、表达，但这种评价和表达一定要有生成性与发展性。最后让学生展望学校的将来，培养学生热爱学校的情感。

【学校学生分析】

上课的学生是潍坊市实验小学三年级一班的学生。三年级一班班额很大，有60多人。在班主任李老师的帮助下，教师和学生有了一个短暂的接触。我发现这些学生思维活跃、学习热情很高。我随机挑选了六名学生，并简单地教给他们摄像机的用法，让他们把自己喜欢的学校环境和设施拍摄下来，由我编辑成一个“DV小眼看校园”的课件。此时，学生只知道我要和他们一起上课，并不知道学习什么内容。

潍坊市实验小学校园不大，楼房环抱。艺术楼、花园、操场、教学楼、科技楼等，错落有致。校园也很美，国旗飘扬，到处是孩子们活泼的身影和欢笑声。走在校园里，你会感受到学生对学校的感情很深。虽然是三年级的小学生，但让他们说说自己的学校，肯定会用五彩缤纷的语言来描述。

【教学过程】

1. 板题入课

师：我们今天学习《说说我们的学校》。

师：我们的学校是哪个学校？

生：潍坊市实验小学。

师：香港凤凰卫视节目主持人吴晓莉主持的一个栏目叫《晓莉看世界》，评论天下大事。我们学校曾经有六名同学给我们的学校做了个节目，叫《小眼看校园》。下面请看。

（教师播放课件）

教师结合播放的课件板书：小眼看校园、花园、操场、教室、艺术楼……

师：刚才六名同学向大家介绍了他们感兴趣的地方。现在你有没有他们没有提到但你感兴趣的地方？

生：科技楼、艺术楼、微机教室、音乐教室……

2. 评说校园

师：同学们，我们列举了这么多地方，一节课真的说不完。我提个建议，咱们从这些地点中选四个地方。大家同意吗？

（教师随机指示板书，学生同意的就喊“行”）

师：大家自己挑选了四个地方：花园、音乐教室、三号楼、艺术楼。我请四个同学上来，分别代表这四个地方的方位。

教师指导学生站在模拟的校园里，注意站位正确。

教师给每位同学发一张评价表。

师：请你用铅笔在第一行里写上这四个地点——花园、音乐教室、三号楼、艺术楼。

如果你特别喜欢这个地方，这个地方给你的学校生活带来了很多快乐，请你给它打5分，如果有点不满意打3分，十分不满打1分。但一定要想清楚打分的理由。

（教师给学生3分钟的时间）

师：首先问一下有没有没打满分的？（一部分同学举起了手）实验小学的校长来了没有？（无人响应）看来我们得选一个校长助理，让他把我们的意见带回去。我们推选谁呀？

生：李老师！

教师发给李老师“校长助理”座牌。

（1）评说花园。

师：打满分的举手。为什么打满分？

生：这儿有很多的花草。

生：这里的花草可以净化空气，这里空气很好。

……

师：没打满分的举手。为什么？

生：有很多同学进去乱踩，花草都被踩烂了。

师：有没有改进的措施？

生：请校长在班会上强调一下，不要让同学们进去乱踩。

师：如果我们改进了，你现在重新打分的话，打几分？

生：我满意了，可以打5分。

……

（2）评说音乐教室。

师：打满分的举手。请先介绍一下这个地方。为什么打满分？有补充的吗？

生：我很喜欢上音乐课，所以感觉音乐教室是不可少的。

生：因为音乐教室有很多乐器。

生：因为这里面有很多钢琴家的画像，这些钢琴家对我影响很大，因为我喜欢练钢琴。我一定会练好钢琴，争取当一名著名的钢琴家。

师：回答得非常好。音乐教室良好的环境熏陶了你，希望你有所作为。

师：没打满分的举手，为什么？

生：桌椅摆放不整齐。

师：你打了多少分？

生：我给音乐教室打了3分。

师：你能谈一下改进的措施吗？

生：应该把桌椅摆放整齐。

师：你认为谁应该来负责这件事情？

生：找班长或者找老师。

师：我把这项任务交给你，可以吗？

生：可以。

师：谢谢。如果在你的努力下，音乐教室的桌椅摆放整齐了，你现在重新打分的话，打几分？

生：那我就打5分。

……

(3) 评说三号楼。

师：打满分的举手。请先介绍一下这个地方。为什么打满分？

生：因为这里是我们学习的地方。

生：因为有我们的教室。在教室里，我们可以从老师那里学知识。

师：都有哪些老师教我们知识？

生：有李老师，还有一些副科的老师。

师：今天李老师就在我们的现场，请让我们用掌声对老师们为我们成长付出的心血表示感谢。

……

师：没打满分的举手，为什么？

生：三号楼里有些地方的卫生打扫得不够干净。

生：我看见有些同学在三号楼里乱跑。我会提醒他："别跑了！"

生：三号楼虽然是我们学习的地方，但有些人在楼道里乱写乱画。

生：有些同学在大厅里踢毽子。

生：有些同学在楼内不遵守行走规范。

师：看来同学们对我们的学习环境有很高的要求，好的学习环境需要我们大家来维持。针对这些不好的现象，有没有改进的措施？

生：应该告诉同学们不要这样做。

师：如果那些同学不听你的劝告怎么办？

生：应该让老师教育他们或者告诉您。

师：那好，我就替你告诉同学们：三号楼是我们学习的地方，以后不能在大厅里踢毽子、乱跑乱跳。如果我们改进了，你现在重新打分的话，打几分？

生：我满意了，我打5分。

……

(4) 评说艺术楼。

师：打满分的举手。请先介绍一下这个地方。

生：那个地方很干净，也很安静。

师：你知道干净、安静的原因吗？这个地方哪个年级在上课？

生：没有同学在那里上课，是校长、主任在那里办公。

师：怪不得呢（笑）！还有补充的吗？

生：我喜欢这个地方，少先队活动室在这个楼上，我经常去参加活动。

……

师：谁没有给艺术楼没打满分？能讲一下理由吗？

生：艺术楼太安静了，害怕！

师：刚才我们批评三号楼不安静，到这里安静倒成了缺点了。这不能成为我们不满意的理由，你喜欢热闹挺好的。艺术楼是我们校园的一道风景。

师：除了这四个地方，谁还有非说不可的地方，用一句话说出来。我们只叫两名同学。

生：我评价宣传栏。因为它可以让我们接触到外面的东西。

生：我评价科技楼。听课时经常用到多媒体教室，我们可以听到很多有趣的课程。

3. 畅想未来

师：刚才同学们列举了学校建筑物的很多优点，给我们带来了乐趣，同时也提出了很多建设性的建议，校长肯定会谢谢你们。如果让你想象一下十年后的学校，按照你的设计，我们学校可能会变成什么样儿？

生：会变得更美丽。

师：介绍不要太笼统，要具体一些。

生：让环境变得更美丽。小花园里多种些大树，一号楼建设得再大一些，使同学们学习的场所变得更大。

生：学校将来一定成为高科技的学校，更有名。

师：只要我们一同努力，学校一定会成为名校。

生：我要让学校成为全世界最有名的学校。

师：这是我们美好的理想。

4. 制作卡片

师：这儿有邀请卡片。你可以把你对学校的感受或者表达自己对学校喜欢的一句话写在卡片的空白处，再把要填空的地方完成。课后把这张邀请卡片送给你喜欢的老师，请他们抽时间到学校走一走。

学生开始做卡片，教师巡回指导。

师：通过我的观察，同学们制作成邀请卡片有点困难。大家不妨课下再做调查了解，完成后交给李老师，请李老师转交给今天听课的客人，好不好？今天的课上到这里，下课！

【自我评价】

通过一节课的学习，我觉得这些孩子们仿佛真的成了学校的主人。他们献言献策，评点学校的设施，尽管童言稚嫩，童言无忌，但他们对于学习环境很愿意发表自己的见地：我觉得这个地方好，为什么好；我不喜欢这个地方，为什么。学生有了自己的审美标准并且能勇敢、善意地表达出来，这节课的活动目标就基本达成了。唯一的缺憾就是学生的学习主体地位体现得还不够，教师的教学设计还有待于进一步深化。

十四、对学科实践活动的认识与实践①

（一）问题提出的背景

《国务院关于基础教育改革与发展的决定》指出，基础教育要注重培养学生的创新精神和实践能力，为学生终身发展奠定基础。学校和教师要把激发和保持学生的学习兴趣和热情，获得学习的能力放在首位。要努力改革教育教学的方法，改变满堂灌、死记硬背、搞题海战术的方式，大力提倡启发式教育，推行研究性学习。要保护儿童的好奇心和发现欲，注重培养科学精神。通过参加社会实践，引导学生体验生活，了解社会，增长才干。

我们的教学目前尚不能达到这一要求和目标。不难发现，大多数学生仍旧在“传道授业”的师教中学习，仍旧注重对知识的记忆和再现，我们也比较注重学生对学习知识的掌握。这样的教学对学生的创新能力的培养意义是不大的。在新的课程标准中，综合实践活动和研究性学习的内容已被明确地提出来，这对培养新世纪的人才大有裨益。在这种背景下，我们审时度势，提出了小学学科实践活动的方案，并在教学中大力落实。

（二）学科实践活动的要义

小学学科实践活动是指带有明显学科特点的、培养学生该学科知识体系形成和运用技能，又兼备培养学生多种能力的实践活动。其重要特点是学科性和实践性。

和课改方案中的综合实践活动相比，相同点是都注重学生在学习中的实践性，有区别的特色性的地方则是学科实践活动的学科性。我们认为，由于受应试教育影响较深，在目前的学科教学中，重理论轻实践的现象还比较严重，学生只会纸上谈兵，遇上生活中的实际问题就不知所措，运用知识的能力则无从说起。如果把学科知识和与学科知识有关的实践活动结合起来，那么学生既学到了系统的学科知识，又参与了能够运用知识的实践活动，知识得到了验证，得到了更深刻的理解和记忆，如果生活之中再遇上类似的问题，就会举一反三，问题就会迎

---

① 刘知晓：《对学科实践活动的认识与实践》，载《山东省中小学教学改革典型经验》，山东教育出版社 2003 年版。

刃而解。

传统的学科课程脱离实际是个弊端，但过分强调实践在教育中的作用也不恰当。因为儿童从实践中得到的直接经验容易被儿童绝对化，然后就不顾及这些经验的逻辑顺序，结果只能得到一些零碎的知识片段，不能获得系统的知识，这样就会降低学生的知识水平。我们从建立学生应该建立的知识体系出发，顾及学生已学知识在实践中的验证和实践，即学习知识在先，运用和验证知识同步或在后。

和研究性学习相比，应该说学科实践活动是研究性学习的一种特别形式。研究性学习是学生主动获取知识、运用知识、解决问题的学习过程。由于小学生在知识的积累和综合运用上存在着一定的局限性，所以说，学科实践活动侧重运用知识和解决简单的生活问题。研究性学习比较注重学生主体性的发挥和实践活动在学习中的全程贯彻。尤其是小学的学科实践活动，要符合小学生的学习特点，需在应用性和实践性上多下功夫。

（三）研究实施的目标任务

（1）以小学学科实践活动为载体，落实新的课程标准和大纲精神。学科实践活动是突破课堂局限、教材单一、教法单一的有效方式。社会领域、自然领域、儿童的生活领域都是学生学习的内容，以学生主体参与的教学形式，更容易激发学生的学习兴趣。

（2）改变教师教学观念，深化教学改革。学生主体地位在接受间接经验和探索直接经验中的表现是不一样的。学科实践活动的开展，将学生在学习上的地位放在了一个教师主导和学生主体之间的既灵活又恰当的位置，教师的观念、教学的方式都将产生较大的变化。

（3）学生的创新能力和实践能力可获得大的提高。学科实践活动是学生验证知识、运用知识、拓展知识的有效途径。尽管学科性比较明显，但可发展的综合性能力也是有潜力的。

（四）学科实践活动开展的原则

1. 学科性原则

开展学科实践活动必须与学科知识紧密相连，具有鲜明的学科特点。通过活动，可引导学生分析、研究生活中的与学科教学有关的问题，挖掘生活中可利用的教学资源，丰富学生的学习生活，拓展学科课堂教学的领域。

2. 实践性原则

开展学科实践活动必须与学生的实际生活相联系，引导学生观察、分析、解决日常生活中的简单问题，让学生感受到学科知识的趣味和作用，体验到学科学习的魅力和价值，培养学生的创新意识和实践能力。

3. 主体性原则

从活动计划的制订到活动具体实施、从收集整理到成果汇报展出，整个活动过程完全由学生自主决定；提倡小组形式开展活动，各个小组成员团结互助，服从指挥。教师只起到组织和指导的作用，有意识地培养学生独立探索、团结互助和取长补短的优良品质。该项原则高年级体现得比较明显，低年级的学生由于年龄小、自制力较差，教师在组织实施时可能存在一定的困难，在这里要具体情况具体对待。

4. 安全性原则

任何实践活动都必须保证每个学生的人身安全，在确定活动内容、制订方案时，必须全方位考虑学生的安全，活动中教师必须在场随时监控，确保学生安全。

（五）学科实践活动研究实施的主要阶段

1. 起步阶段

2000 年暑期，学校各学科的教师先后参加了新大纲和新课改方案的培训，使我们在教育观念上有所解放。各种渠道的教育信息表明，全国各地的一些学校在某一学科开展了实践活动，更多的是在常识学科和德育方面，如科技制作、不同主题的班队活动等，并取得了显著成效。所以，针对新大纲的有关精神，我们认为进行学科实践活动是一条行之有效的途径。因为，把学生从死记硬背、题海战术中解放出来，搞一些学以致用的活动，一定能提高学生学习的兴趣。这些活动都是围绕着学科教学进行的，不是盲目地进行说教、娱乐。学科实践活动都是对课堂教学知识的验证、补充，所以对提高教学质量是一种促进。基于以上的认识，我们便筹划各学科的实践活动方案，并在语文、数学两个学科开始实施。

2. 推进阶段

2000 年末，我们先后派出多名教师参加全省或全国的教学会议，带回来很多对推动学科实践活动有益的信息。从当时全省和全国的实践活动来看，多数学校都是在某一个学科开展得比较好，如山东省青岛市实验小学的语文实践活动、昌邑市的数学实践活动、石家庄彭后街小学的科技活动等。但这些学校缺乏一个多学科齐头并进的典型，而且实践活动也局限于课堂教学的补充。我们审时度势，把多学科的实践活动定位为课堂教学的延伸和补充，是同等地位的教学活动。为了把学科实践活动开展好，我们加强学习，统一认识；通过外出学习、参观访问等形式，吸取同行的先进经验，先后到中央教科所、青岛市实验小学和昌邑市学习。

3. 拓展阶段

对学科实践活动由认识到重视，由重视到实践，经历了一个过程。我们在2000年下半年明确提出学科实践活动的概念，在2001年上学期的教学计划中把学科实践活动的地位和学科教学提到同等重要的位置上，并且由语文、数学两科拓展到自然、音乐、美术、体育等各个学科，形成了多学科齐头并进的良好局面。为了更好地推进这项活动的开展，学校专门印制了《学科实践活动实施方案》，任课教师先有计划，再付诸实施。

4. 学科实践活动的主要成果

（1）通过学科实践活动的开展，新大纲和课程改革方案的精神在教学工作中得到了落实。凡是大纲要求的实践活动都囊括在我们开展的学科实践活动中，学校师生充分发挥创新精神，制定和实施了150余种各学科的实践活动类型，涉及语文、数学、自然、美术、音乐、体育、思想品德、社会等。学习知识、运用知识、解决问题成了提高学生学习能力的主要途径。

（2）师生的教学观念发生了很大变化。教师不再把课堂设置在教室里，而是根据教学的需要，灵活地做到了教室内外、学校内外的有机结合；突破了教材的唯一，生活和教学紧密地联系在了一起；教师从主导者变成了一个指导者、合作者。学生也明白了学以致用、生活和学科教学密不可分的道理，学习积极性大大提高。

（3）学生的学习方式发生了根本变化，体验到了学习的过程。语文实践活动主要是同年级的集体活动，可以组织社会调查、春游、读书擂台赛等活动，也可以举办“金笔杆”书法指导、快乐识字、口语交际、故事大赛、辩论赛等兴趣小组，还可以组建红领巾广播站，举办诗歌朗诵会、书法比赛、作文竞赛、读书笔记与手抄报展评等，利用广播、电视、网络等媒体积极拓展语文学习的渠道。数学实践活动，是以班级或小组为单位引导学生观察、操作、测量、估计、猜测、验证思考等具体的学习活动。常识学科开展采集、栽培、制作、饲养、科技小制作、小发明、小创意等活动。这些学习方式，使学生感受到学习方式的变化，培养了学生的创新意识和实践能力。每学期每生参加学科实践活动平均不少于50课时，阅读35万字，动手自制作品10余件（篇）。

（4）加深了对学科实践活动的再认识。学科实践活动是培养学生创新精神和创新能力的重要形式。没有活动就没有问题，没有问题就没有创新。学科实践活动是课堂教学的延伸和补充，最终要发展成和学科教学相提并论、并驾齐驱的教学内容。实践活动的目的是为了来验证、运用和补充课堂教学的知识。学科实践活动应是教会学生用科学的眼光去看问题，并解决与其知识水平相适应的生活问题。

（六）学科实践活动的改革影响

学校代表东营市于2001年6月参加山东省数学实践活动经验交流会，是大会发言介绍经验的四个单位之一。

2001年11月，东营市教学研究室在学校召开全市学科实践活动现场会，向全市推广东营市实验小学的这一做法。东营教育电视台、东营电视台、山东教育电视台多次报道过学校的学科实践活动。

2002年1月，《东营教育研究》以专栏的形式对学校的学科实践活动予以全国报道，并配发了编者按。2002年2月，中国教育电视台以《东营实小——教学在实践中延伸》为题做过专题报道。2002年3月，《现代教育报》在头版头条以《体验学习》为题对学校开展的学科实践活动进行了报道。

十五、今朝花胜去年好①

每一个人在生活中都离不开语文，可要让谁谈一下学习语文的经验，就有点勉为其难了。读过中学的人可能还记得《从百草园到三味书屋》这篇文章，鲁迅先生给我们描述了他少年的读书生活：小小年纪，先是拜孔子像，又拜先生。先生虽然很方正、很博学，但只知道让孩子们读书、背书、描红、练字，自己也陶醉于读书，乐此不疲，以至于学生们学无兴趣，趁先生不注意去寻个蝉蜕，偷偷地描幅绣像，便是莫大的享受了。

而今的孩子们生活在现代文明的环境里，可学习语文就如迅哥儿在百草园那

---

① 刘知晓、徐会荣、赵文刚、刘丽萍：《今朝花胜去年好——东营市实验小学“生活语文”活动纪实》，载《山东教育》2001年第28期。

么舒服吗？回答是否定的。有专家给现在的语文教学总结了四大缺点——“少、慢、差、费”，学了3000多课时的母语，却“句读之不知，惑之不解”。语文教学的出路在哪里呢？东营市实验小学的老师们在这方面做了一些有益的探索。

（一）“生活语文”：双手推开窗前月，一石击破水中天

2000年6月，东营市教育中心组织了东营市的数名专家到东营市实验小学考评该校的4名科研骨干。在进行论文答辩时，徐会荣老师的《语文“生活化”生活“语文化”》引起了大家的兴趣。她认为，语文学习仅限于课堂听讲、大小作文与课后作业，是不会有多大出息的。语文无所不在，它在课上校内，也在课余校外，它在课本里，也在生活中。因此，语文教学要更新观念，打开思路。书本以外的生活，更是学生学语文、用语文的广阔时空领域。

一石击破水中天，涟漪向无边。“生活语文”像一枝嫩绿的青藤，从此伸向了语文教学的课堂，并且滋芽接蔓，在语文教学中孕育出了新的希望。

自办手抄报，学生们既当“作家”，又当“编辑”，一个个兴趣盎然，学着编辑构思版面、设计栏目，查找编写各栏目需要的文章，并根据版面的大小，合理地裁剪文章、添加插图，效果令人振奋。报名如《知识快餐》《生活百科》《动物世界》《幽默与漫画》《飘飞的蒲公英》《芳草地》……栏目如“热门话题”“实话实说”“校园新闻”“开心果”“错别字诊所”“词汇岛”“幻想国”……真是举不胜举。一份份报纸报头醒目美观，标题精练新颖，内容丰富多彩，插图清新亮丽，令孩子们爱不释手。

你想写一手好字、当一名小小书法家吗？不妨到一、二年级的语文课堂上看一看。几十名学生正襟危坐，在老师的指导下，一笔一画，虽不敢谈有颜柳之风，但是那种架势，把语文传统的神韵刻画得栩栩如生。学生被老师设立的“金笔杆”奖深深地吸引住了，写字积极性一浪高过一浪。

口语交际，也是同学们喜闻乐见的语文活动形式之一，要求学生敢说、能说，说得得体。老师说“客人来了”，同学们立刻变成了家庭的主人，“寒暄、让座、沏茶倒水”，尽现在孩子们的行动之间。班干部主持课前五分钟演讲，同学们争先恐后，纷纷发表自己的高见。课堂上、花园里、队旗下都是同学们锻炼演说能力的好机会。

口语交际需要同学们面对现实生活，“故事大王”则需要孩子们插上想象的翅膀。他们怀着对美好未来的憧憬，对美丑善恶的描述，展现那一颗颗无瑕的童

心。小学生最喜欢听故事，也喜欢讲故事。谁讲得多讲得好，自然“登基坐殿”，成为讲故事的“无冕之王”。最让他们感兴趣的，当属课文故事的续编、如“小猴子二次下山”“小乌鸦喝水”等。故事结局出人意料，孩子们的想像力得到充分展现。

各种语文活动开展起来了，由一种到多种，由一班到多班。“快乐识字”“古诗播台”“520 书法”等活动也相继开展，活动范围遍及全校 24 个教学班。语文活动霎时如淙淙溪流汇成江河，实验小学的语文课堂活跃起来，出现了勃勃生机。

（二）“实践活动”：几处早莺争暖树，谁家新燕啄春泥

随着语文教学改革的不断深入，“生活语文”课题又产生了新的内涵。语文教学可以走出课堂，读书识字的色彩渐渐地淡了，学生却不知不觉地在祖国语言文字的长河中徜徉着。这，难道不是语文学习的形式吗？2001 年的春天，天气乍暖还寒，实验小学的语文课堂上却是春意融融。学校把学科实践活动放在了和课堂教学并驾齐驱的位置上，怎不令学生们高兴。他们可以说中学语文，可以听中学语文，可以做中学语文，在语文学习的天地里纵横驰骋。

镜头之一：

每周的星期三和星期五下午课外活动时间，悠扬的乐曲准时回响在校园里，“红领巾广播站”开始广播了！“新闻一分钟”“文学欣赏”和各种动画片的主题歌都由同学们自编自播，老师仅是个“监制”的角色而已。

镜头之二：

“尊敬的老师，亲爱的同学们，你们好！五（4）班第三次课堂辩论会现在开始。坐在我右手边的是正方五（4）一队，坐在我左手边的是反方五（4）二队。今天我们的辩题是：人才的第一要素是思想品质还是知识和能力。双方的观点是由赛前抽签决定的。现在，首先请正方一辩发言表明观点，时间 2 分钟。”一个小学生语言干脆、声音响亮，俨然一位老练的主持人。又一场激烈的辩论赛开始了，双方唇枪舌剑，你来我往。

镜头之三：

在三年级（1）班的讲台旁边出现了个“小问号”信箱。如果哪个同学在阅读当中遇到了疑难问题，需要解答，就写在小纸条上，将纸条放到班级的“小问号”信箱里。老师或班干部定期公布信箱中的问题。每个同学都可以挑选自己愿

意解答的问题，带着问题选读课外书，找材料，准备答案。在“小问号答疑”活动课上，每个问题由一名同学主答，其他同学可以纠正或补充。学期末由“小博士评委会”评出“双十佳”——十佳问题、十佳答案。你看，“学而不思则罔，思而不学则殆”，他们把先哲的思想运用得多好！

镜头之四：

2001 年 6 月 1 日早晨，东营宾馆 2 号楼前的广场上，市领导正与参加东营市第四次少代会的代表们合影留念。一群身着马甲、胸挎相机的实验小学的小学生，颇有艺术家的模样，穿梭于人群之中，落落大方。合影完毕，小记者们直奔早已瞄准的目标。市领导、少先队员代表、辅导员代表被分割包围，不停地接受小记者们的提问、拍照。别看他们年岁小，其磨、泡之功，丝毫不亚于专业记者。

学以致用是语文实践活动的目的，更是语文教学的目的。广播、辩论、采访、课外阅读等无不是运用语文知识的活动。这些活动就像语文教学的须根，丝丝缕缕，不断地从生活实践中汲取营养，才使得语文教学枝繁叶茂，孩子们的学习变得丰富多彩。

（三）“诗文诵读”：留连戏蝶时时舞，自在娇莺恰恰啼

一所学校，如果听不到朗朗的读书声，你就会怀疑这是不是学校了。稚嫩的童声，是一曲明丽的莺啼。听孩子们读书，是幸福的享受。实验小学的“诗文诵读”活动给语文教学增添了无限的生机。

新编《小学语文教学大纲》规定：小学生背诵优秀诗文不少于 150 篇，课外阅读总量不少于 100 万字。学校根据新大纲的精神，为每一名小学生配发了《古诗诵读 80 首》，向家长推荐了小学生名篇阅读目录，呼吁有条件的家庭建立家庭图书室，让家庭也有书香。

每天早晨，当你走进任何一间教室，要么是老师，要么是小班干部，领着同学们，或高声背诵，或细声阅读，书声满耳，煞是好听。教导处为了使“诗文诵读”活动有效开展下去，设计制作了“诗文诵读荣誉手册”，定期统计，张榜公布，大大激发了同学们读书背诗的积极性。有的同学在不到一个月的时间就背了 80 首古诗，每周的阅读量在 20000 字以上。试想一下，如果这样坚持下去，学生的知识积累该多么丰富！况且，题目纷繁，内容涉及诸子百科，学生的心中又会产生一个怎样五彩缤纷的世界！

为了培养学生的阅读兴趣和习惯，教师鼓励学生建立自己的图书架。同学们把自己多余的书籍拿到学校，互通有无。如果购买了新书，老师就引导学生制作“新书介绍卡片”（卡片内容为书名、主要内容、作者、出版社、出版日期、定价），在新书介绍会上展示并按照卡上的内容向大家介绍，再说说自己为什么喜欢这本书，还可以朗诵自己认为最感人、最精彩的片段，介绍自己感兴趣的知识，唤起同学们阅读新书的兴趣。介绍之后，在班内悬挂“新书介绍卡片”，并展示新书，供同学们参照购买新书和互相借阅。

名人关于读书学习的名言，包蕴着意味深长的哲理。三年级马老师说：“同学们喜欢名人名言吗？请你利用课余时间去收集一下，选择你最喜欢的 1 ~ 2 句抄下来，说说你从中明白了什么道理。”几天后，孩子们有了回音：“我喜欢‘一寸光阴一寸金，寸金难买寸光阴’这句话，它告诉我们时间比黄金还要宝贵，提醒我们要珍惜时间，做时间的主人。”那么，怎样才能让名言时时提醒自己呢？老师建议同学们制作一张书签，写上自己最喜欢的名言，夹到书中。不久，孩子们都拥有了自制的精美书签，读书之余看看书签，也赏心悦目。

四（4）班召开了一次别开生面的家长会。当古朴典雅的古筝乐曲响起时，孩子们信心十足地走上舞台，开始了人人参与的“古诗接龙”，接着是有惊无险的“古诗问答”。必答题、抢答题，争先恐后，轮番上阵。最精彩的要数家长们亲自点题让孩子背诗词。古诗 80 首自然不在话下，就连岳飞的《满江红》、苏轼的《水调歌头》等一些篇幅较长、难度较大的诗词都能诵读得铿锵有力、韵味十足，博得了家长的阵阵掌声，让大家再次领略了传统语文的独特魅力。

“熟读唐诗三百首，不会作诗也会吟。”随着诗文诵读活动的不断深入，吟诗诵诗已不能表达学生的诗兴，教师便引导学生尝试作诗。有同学有感于风沙之大，说：“老天爷，一变脸，室外黄沙飞满天，路上纸片随风转，窗台底槽土如面。”面对百花盛开的花坛，有同学吟出了“红花衬绿叶，婷婷舞女裙，花香满园飘，蜂儿采蜜忙”的句子。虽很稚拙，但隐约已见诗的味道。

语文实践活动已在实验小学的教学园地里独树一帜，芬芳四溢。我们相信“今朝花胜去年好，料得明年花更红”。

十六、范文四则

春日雏鹰飞[①]

——市实验小学“雏鹰行动”纪实

一

本学期开学的第一天，市实验小学少先队辅导员召集少先队干部开会，传达全国少工委的《跨世纪中国少年雏鹰行动——生存与发展计划》，并在全校布置实施。

3月16日，校长召集辅导员、班主任开会，各中队汇报活动开展情况。几名中队辅导员在讨论《夏令营中的较量》时，提出能否在中高年级学生中开展一次野外拉练活动，以检验学生的思想素质和身体素质。校长批准了这个建议并提出活动要以锻炼为目的，多让孩子吃点苦，因为东营市实验小学的学生大部分是市直单位职工子女，生活条件一直较优越。

4月14日，由三（3）中队45名少先队员组成先遣大队开始进行试验性野营拉练。辅导员规定：每人负重2.5公斤，每人一壶水，所吃干粮只能是馒头和咸菜。三（3）中队队员平均年龄不足10岁。经过6个小时的行军，行程10公里，途经南郊畜牧场、广利水库，顺利返回学校。试验证明：学生素质基本没问题，搞次大型野外拉练完全可以。大队部决定目标定在40里外的广利港，用车送去，跑着回来，在进行身体和心理素质考验的同时，也进行一次乡土教育。

二

4月16日，天气多云，东南风3级。东营市实验小学五年级4个中队200名少先队员整装待发。东营电视台记者随队采访。

---

① 刘知晓：《春日雏鹰飞——市实验小学“雏鹰行动”纪实》，载《东营日报》1994年5月10日。

上午8点10分，队伍登车出发。很多队员没有去过广利港，所以显得异常兴奋。一路歌声，一路笑声，车过南郊，窗外闪过平畴沃野，刚萌芽的小草和野花，一簇簇，一丛丛，点缀着明媚的春天。队员们从紧张的课堂里到了这花香鸟语的野外，心境一下子放松了，车上的欢声笑语一阵连一阵。车到广南水库，只见波澜微起，浩渺无边，同学们纷纷偏过头去观看。有个同学问："老师，这就是海吗？"引得大家一阵哄笑。随着一声汽笛，车徐徐开进了广利港。队员们一望见远处的塔吊就欢呼起来："到啦！到啦！"广利河就是从这里缓缓入海的。水上船来船往，海边空气的咸腥味弥漫开来。

200名少先队员整齐列队在广场上，海风吹起了他们胸前的红领巾，大家站在队旗下庄严宣誓：学生存，求发展；刻苦学习，努力锻炼，立志改造大自然。

8点55分，汽车调转方向，空车返回，把200名雏鹰抛在了广利港。队员们明白，退路没有了，所拥有的只有自己的体力和意志。但大家依旧高兴地在河滩上挖螃蟹，捡贝壳，各自寻找着自己的乐趣。大队辅导员还请来了老船工给队员们讲述了广利港的今昔。

三

考验人的时刻终于到来了。9点40分，大队人员向回开拔。4个中队一字长蛇阵，浩浩荡荡。据调查，这200名少先队员中绝大部分有生以来的最长步行距离不过三四公里。三四公里在他们看来已经是漫漫长途，何况今天这近20公里。别无选择，只能走回去。校方已通知家长：不得接应。又过广南水库，升高的太阳驱散了雾气，波光粼粼，浪涛拍岸。尽管大家的额头上渗出汗珠，但还是兴致勃勃地指点着如画的水面。

队伍在红旗的引导下来到了垦利盐场。队伍停下来，辅导员命令就地吃饭。同学们狼吞虎咽地嚼着馒头、咸菜。清风把大家的谈笑声送得很远，队伍又一次集合起来，继续前进。周围渐渐地荒凉起来，扑入视野的是嫩绿的草地和荆条丛。有些同学开始向辅导员询问已经走了多少里、还剩多少里之类的问题，也有的说脚开始疼了，但大家依旧在走，不肯落后。为了鼓舞士气，几个中队唱歌、喊口号，力求表现出一种斗志昂扬的气氛来战胜对手。春阳之下，大部队在徐徐前进。

3个小时以后，先头队伍到了南郊，距学校尚有7.5里路。辅导员把情况一说同学们疲惫的身体好像注入了活力，脚步立刻变得迅速有力。行军速度更快了。

一个队员在日记中写到："城区历历在目，我却走不动了，双脚针扎般地疼，可是我不能掉队，我还是和同学们大声地唱着，顽强地走在自己的位置上。老师讲过，这不仅是一次锻炼，更是一次考验……"

队伍进入城区。天上的薄云遮住了太阳，东南风送来缕缕凉意，大家汗流满面，唇干口燥。很多队员水壶空了，有水的水壶在队伍中传递着，大家湿润一下嘴唇，又继续前进了。下午2点50分，队伍陆续开进学校。大队部计划5个半小时的路程，却在5个小时内走完了！孩子们站在春风里，甜甜地笑了。

初识江南

我小的时候，根本不知道江南在哪里，偶尔听那些在国民党的军队里干过事的人讲到"苏杭之事"，印象也不怎么深，就像灶中的一阵烟，随风儿去了。及至读中学时，书中的江南便知晓不少了，甚至对"南船北马"的差异产生了许多的想象，不过并没有想到会在22岁的时候第一次去了江南。

适值春天，车过徐州，窗外一闪而过的景色就渐渐地与华北平原不同了，看到了少许的绿色。还没来得及细细观赏，夜幕悄悄地笼盖了四野。除了车站的灯光和喧闹，等到真正看见江南水乡的白墙乌瓦的房子和或明或绿的田野时，似乎就是嘉兴地界了。

站在杭州潮湿的小巷里，听着难懂的吴越软语，却没有异乡的感觉。我很快就跟教研班的同学们混熟了，知道了平时书上不见的较偏僻的江浙地名。第一天晚上，我感受到了江南水乡独特的潮湿与阴冷，即使是洗过的脚也不能在被窝里自如地蜷伸；湿冷的空气和被子紧紧地裹在身上。我用手摸摸脸庞和鼻子，是冰凉的，这的确出乎我的意料。杭州真不愧是水乡！似乎连空气都能攥出水来。

早上起来，同学们衣着单薄，大大方方地去洗刷。我像一片在寒风中颤抖的树叶，干什么都畏畏缩缩，没想到烟花三月的江南竟是如此。那些赞扬过江南的文人骚客不知此刻该如何面对我——更有意思的是，不几日杭州竟然下了一场雪。浙江的同学高兴了，一同相约到西湖边去欣赏断桥残雪。我回到宿舍开始“棉袍加身”——着上了毛裤和风衣，和那些衣着单薄的同学一比，看出他们身上的钱塘风雅来了。

江南的雪和北方的雪真的不同。我熟悉的华北平原下雪时，没遮拦的，纷纷扬扬，漫天而下；江南却不同，先是细雨，逐渐地雨丝变成了雪花儿，细腻的，温柔的，极少有风，雪花显得那么透明与洁润。我们走在西湖边上，雪后的太阳已经红通通地升上了天空。湖边的大树上少雪，雪在路旁山脚下的矮松和密密的翠竹上三五成簇地拥挤着，仿佛要团结起来，跟初升的太阳周旋一会儿，让难得见雪的江南人饱览一下。尽管断桥边有残雪，也是杭州的名景之一，不过我以为是故弄玄虚，有夸张之意了。见到了只是墨绿和白色的相间，斑驳陆离的样子。桥既非断，又不大。同学们纷纷拍照，要与残雪留个影。我站在一边，谢绝了同窗合影的邀请，想象着发生在这断桥边的哀婉的爱情故事来，是呀，多雨的季节，一把油纸伞做媒的爱情故事，就真的发生在西子湖上？望一眼东南方向的雷峰塔，我想，山清水秀出才子，才子中有多情子。可怜了那忠贞的爱妇！

从西湖边回来，一路上走得急匆匆地。回到住地，身上竟汗涔涔了，江南的春意才在我心里弥漫开来。

海上生明月

6 月 14 日的傍晚来的似乎晚了一些，7 点半了晚霞仍旧把天空照得通明，远山、树木、行人历历在目。朋友用车把我们送到了日照的海边，原来以为天到了这般时分看海是难了一些，可是目之所及倒也清晰，朋友却说：“今日有雾，车子跑不起来。”我虽然是个近视眼，但远景近景看得一清二楚，哪来的什么雾气！

朋友把我们送到海边就回去了。孩子一踏上海滩就雀跃着奔向正在涨落的潮汐。因为是非典时期，出游的人很少，整个海滩上空荡荡的，很容易监视孩子的安全，所以由他玩去，我在后面慢慢地相跟着。

正是涨潮的时候，波浪层层叠叠向岸边拥来，气力一用尽，便无可奈何地退却了。妻子和孩子赤了脚，和浪花嬉戏着。他们招呼我，让我也脱掉鞋子加入他们的行列，我却轻轻地摇了摇头，继续慢慢地相跟着。

我的眼光集中在海面上，海面像一大块褶皱起伏的缎面，明暗之间显得那么富丽堂皇。海水与沙滩激起的白色浪花，分明是海的裙裾。我想把海喻为纯洁的少妇，可是阵阵的涛声却是一个健壮的男子发出的呼吸声。遐想期间，我觉着脚上一阵冰凉，下意识地跳了起来，落地的时候却重重地落在了海水里，双脚全湿透了，鞋子里也灌满了沙子，虽然隔着袜子，但也满脚的不舒服。原来潮汐涨落，逐步地涨到了我的脚下。孩子张扬着一些捡来的五彩石子和贝壳，幸灾乐祸地笑着，鼓励我下水。没有办法，我也加入了他们的行列。

我并没有像他们一样来回地奔跑跳跃，而是站在潮水之中，寻味一涨一落的感觉。潮来的时候并无声息，略高于前潮，一字推进，气势是很足的，只是在和前潮碰撞的一刹那，才会发出“哗”的声音，旋即越过前潮，继续向前和沙滩摩擦，很有毅力地冲上去，无奈强弩之末不能穿鲁缟，只好“哗”的又一声退了回来，撤退的过程又被后潮碰撞，声声不断。就在潮水涌上海滩的地方，定睛看去，显得十分深邃、黑洞洞的，让我这个旱鸭子心中平添了一些慌乱。我站在浅潮之中，已经感受到海的力量，潮水一涨一落，都是从我腿部经过，涨的时候感觉不明显，退的时候，海水带走了脚下的沙子，就像有人刻意要挖走一样，脚无根基，人也要跟着下沉，几乎要站不住了，再加上潮水的退力，如果稍有不慎，或者站在水更深的地方，很容易被海水卷下去的。会游泳的人自然不怕，可我却有些恐惧了。

“爸爸，快看月亮，月亮像太阳一样！”孩子的喊叫声打断了我对海的思绪。抬头望去，一轮红日跃然于天幕之上。偌大的天空如布褐一般，没有了霞光四射的豪华，流露出的是一种暮霭沉沉的失落。月亮，肯定不是红日——却如红日一般，高悬于空，恰似布褐上的龙凤图案，顿时提高了天空的气质与雅度。为什么应该是金黄的圆月变成了一轮红日，孩子没有向我提出问题，我却自问自思，送我们的朋友说今日有雾气，肉眼凡胎看不见，现在月亮之神明喻给我了。

我在海上多次坐过船，夜航也经历了3次，不过从没有看见过海上生明月的情景，今日倒是一见，却不是想象中的意境。在我看来，明月高悬，万里澄清，波涛汹涌，浮光跃金，舟子歌赋，清凉唱晚，思妇倚楼，笛声漏残，可谓“海上生明月，天涯共此时”，真意境也。少年初读此诗句时，以为“海上升明月”为然，“海上生明月”为缪。现在想来，少年学识之陋而生性大胆，敢于怀疑，及至成熟，除了寻古发幽，也没有什么长处了。

所谓“升”者，动感强烈，天、海、月分明；所谓“生”者，萌动略显，海天合一，今日盖知古人不余欺也。苏轼游于石钟山，“肯以小舟夜泊绝壁之下”，考证石钟山的名称来历，最终“叹郦元之简，而笑李勃之陋也”。我虽然喜欢“海上生明月”的意境，却也未必真正讲出“生”字之妙。姑且以只可意会，不可言传遮羞罢了。

月亮渐渐升高了，依旧的红彤彤，不见半点的金灿灿。涛声在脚下一阵阵响着，孩子在远处的嬉笑声也随风可闻，海滨的潮湿弥漫开来，和着一股淡淡的腥味。再放眼看海，接天无穷，浩浩汤汤，相比之下，我是一个渺小的我了。不过我的心中，另有一方广阔的海天，悄悄地升起一轮金黄的圆月！

春 雪

我知道“阳春白雪”本不是形容春雪的，但这几个字不拿来用，真是可惜了。看到“阳春”，便有了温暖的感觉，风也是轻柔的；看到“白雪”，便有了清凉的感觉，浮现在眼前的是洁白和晶莹。诸君，我以为自我始就改变了“阳春白雪”的用意，姑妄言之罢。

农历的三月自然属于暮春了，丘迟书予陈伯之曰：“暮春三月，江南草长，杂花生树，群莺乱飞。”北方自比不得江南，在黄河尾闾依旧水寒山瘦，只是春的气息已经有了些许。

楼前的花园里，迎春花傍着墙根和篱笆，勇敢地挑出嫩黄的串旗来，像奔跑在人前的孩子，调皮地露出春的额角，意色扬扬。经历一冬的短松，顿时黯然，既失去了和严寒战斗的勇气，又没有长出和春光争艳的勇气，默默地退到了人们视线的一隅。黄杨和紫叶李没有迎春花的招摇，很沉着稳重地踱着步子，微微笑一笑，吐个小花苞算是和徜徉在天上的春日打个招呼，没有人猜想到何时才会露出它们的尊容。

蓦地风向倒了，和煦变成了凛冽，“料峭”一词显然不能够形容春寒的程度了。乌云沉甸甸地悬在空中，慢慢地凝聚着力量。脸被寒气冻得通红，手脚也有些麻木。我和一位同事说，这样的天气就应该是“晚来天欲雪，能饮一杯无”的造化。终于在早晨，把小雨派成了雪的先锋，淅淅沥沥地漫撒下来。接着雨滴变成了雪花，雪花又变成了雪片，天地之间，变成了雪的世界。雪片飞舞着身体，从天幕上鱼贯而出，扑向楼房，扑向草地，扑向树木，扑向行走的汽车和行人。映入眼帘的是白色的精灵，这是冬日的遗民，奋力地展示冬的威力。可是这种白色，又让你觉得它纯洁、细腻、晶莹，决不忍心赋予它丝毫的贬义。“雨雪霏霏，杨柳依依。”于是春雪就会勾起读书人的才情，或者是处在恋爱中的人们心底的浪漫。春雪纷纷落下，恰似清明时节的杨花榆荚，“惟解漫天作雪飞”了。

因为地面湿滑，所以行人步履蹒跚，头上衣服上沾了许多的白雪。这样一点缀，冬天的味道似乎更浓了一些。雪片太大，耳畔竟有簌簌的声音。春雪湿气大，比不得冬雪干爽，丝毫没有飘逸潇洒、纷纷扬扬的景象，倒是簌簌坠下，落地便不见了，溶进了一泓泓的水洼。站在六楼的窗前，看到雪花从天而降，打眼前倏地掠过，急匆匆，前赴后继，景色甚是壮观。雪片织就的玉帘，挂在天地之间，上连着天幕，下接着温润的土地。迎春花枝和矮松，还有不知名的草，用刚刚酝酿的嫩黄、新绿承接着“阳春白雪”。

一个上午过去了，凛冽仿佛渐渐和煦了，阴沉渐渐明亮了。君临上界，大部分春雪没有了，只有少许的残雪和背阴处的土地相依成了一幅幅水墨画。春雪是极易融化的，少时便化作了冰凉的春水。有人说，雪融化的水浇了花，花是不生虫害的，所以隐藏在地面以下的，或者是枝条末端的，或者是花苞里的生机，因此都会感谢它。

第四章 教育的开放视域

在学习和工作生涯中，总有人告诫我们要“读万卷书，行万里路”，“读好书，交高人”。作为一名教师，这是很重要的，因为一个人的眼界和视阈决定着行动的高下。我参加过许多许多的培训考察，教育的繁华和烟云一直缥缈在专业成长的过程中，一路学习，一路成长。我们应该感谢那些触及灵魂的思想，也感谢那些引发思考的现象，而这一切，是教育的先行者给雾里看花的我们一双慧眼，使我们看清教育的纷扰。“它山之石，可以攻玉。”抛却政治的不同见地，忽略经济上的地域差距，单是来看看教育该怎么做，教学该怎么做。没有理论，只有实践和感想，我来告诉你。

一、一路走过去的记录与思考

2005 年 3 月 30 日，春寒料峭。我和李福新校长、赵文刚主任，还有利津县的部分同行踏上了南行之路，准备考察江苏省翔宇教育集团，然后一路走过去，到杭州参加“运河之声”全国小学语文名师教学观摩活动。

尽管气温偶尔往上蹿一下，但毕竟没有常势，只有柳树略带了春意，还不过是绿色遥看近却无，其他的一律是瘦干枯枝。我们此一去是酝酿许久了的，因为除了网络，已经有些时间没有和教育的先行者们直面交流了。夜深人静的时候，通过“教育在线”和报纸杂志，只能远观教育的纷繁和间杂的无奈了。

个性的卢志文

我们见到的第一个教育名人是卢志文。

卢志文是江苏省翔宇教育集团的总校长，是在网络和教育传媒上非常走红的一个人。曾经是卢志文搭档的现苏州市小语教研员袁卫星，专门有一篇写卢志文其人的文章，介绍了如此的卢志文：

他要求学校中层干部做“法家”，落实“制度第一”的管理理念；要求副校级干部做“儒家”，协调好学校人际关系，处理好学校各种矛盾；而他自己，则做“道家”，掌握大方向，把握大原则，放眼光，拿策略。

学校两周召开一次教职工例会，例会分五大板块：一曰“艺术鉴赏”；二曰“道德建设”；三曰“科研论坛”；四曰“时政速递”；五曰“校务工作”。为什么这样安排？卢志文这样解释说，对于一个人来说，品位第一，然后是道德，然后是方法。这三个问题解决了，没有做不好的事！他还在集团近万名师生员工中掷地有声地宣称，他的教育理想是：“翔宇人不随地吐痰。”

因为有李校长朋友的推荐，在赴江苏的路上，我们就和卢校长联系上了。车到江苏宝应，在酒店的总服务台，我们见到了匆匆赶来的卢志文。卢校长细长的身材，普通的面相，随意热情的举止（和他的办公室主任兄弟般地勾肩搭背），彼此之间先是寒暄，然后是一个劲儿地解释工作是多么忙，不得不出面的公务应酬是如何多，今晚只能是办公室主任代为接待，等等。

身为万人教育集团（三个学校）的总校长，真的是日理万机。令人意料之外的是他每天都在读书，每天都在上网。卢校长的上网可不是一般的浏览，而是主持“卢志文在线”的“斑竹”，发帖，回帖，没有相当的功夫——思考的深度、高超的文字水平和足够的时间是不行的。难怪袁卫星写道：“如果有大把八小时外的时间攥在志文兄手里，我们的国家也许会多一位教育理论家，多一位书法篆刻家，多一位谜坛高手。两年一届‘五四杯’，他连续四届获得一等奖；书法篆刻，不仅被地方政府作为礼品送给外宾，而且还拥有国家发明专利；灯谜制作，堪称大家！”“如果你凌晨时分在教育在线遇上一个孤独的散步者，朋友，请你看清，他是不是卢志文，如果是，请你发个短信给他，告诉他，今天的太阳，就要升起……”

再次见到卢校长，是3月31日在宝应高中的接待室。宝应高中堪称环境优雅，设施一流。单是体育场就令人瞠目结舌，恐怕大多数人只有在电视赛场上见过，可是在翔宇教育集团，这却是学生们常用的地方。校园环境一尘不染自不必说，淮河地区此时已春暖花开，姹紫嫣红，校园中春波荡漾，水、花、楼、人相处和谐。卢校长和我们面对面坐下，清茶一杯。他说，搞教育没有秘诀，校长要当闹钟，敲打自己，去警醒别人；教育要实行多元化，才能满足多层次的需求；学校工作的改革在微观（备课、上课）上是大改革小困难；在中观（分配制度、人事安排）上是小改革大困难；在宏观的教育体制上是不改革更困难。校长的管理有三个层次：门房（教职工的考勤）、课堂（教师是否在出工出力）、心房（真正的以人为本）。校长一定要和教职工形成共同的愿景，减少盲目的、随意的、不确定的决策因素，不要让人无所适从。

会谈结束的时候，我请卢校长为我们写一句话，他答应了。他用隶书写下了“因材施教，教学相长——赠山东省东营市实验小学”，字写得很秀气。中午饭还是翔宇教育集团做东，作陪的还是办公室主任，卢校长照例是忙。

我们回过头来思考卢志文校长，从他的管理行为和他的言语中，可以看出他很睿智；在教育网站“卢志文在线”上，我们会发现一个对教育高度敬业和有敏锐感觉的急先锋；生活中的他又是那么随和，没有正襟危坐，和人交往显得热情洋溢。其实，他真正是一个在中国教育的荆棘中艰难前行的思想者和行动者，他生活得并非潇洒，像我们看到的纵横捭阖游刃有余，他的身后定是一串串深深的跋涉的脚印。

两节“家常课”

在宝应县实验小学（隶属于翔宇教育集团），我们分头听了两节并非特意准备的“家常课”。

刚进学校的大门，正是课间操时间。学生们在班主任的带领下，昂首阔步，所有人的臂膊大幅度甩起来，就像香港警察的队列行进一样，全场鸦雀无声，这确实让我们耳目一新。走廊里，到处是学生的书画作品，其中书法作品楷书的、行书的、隶书的，软笔的、硬笔的，都有。

我听的是一节低年级语文课《木兰从军》。讲课人是周红艳老师，刚刚加盟翔宇集团不久。一上课，周老师利用“英勇善战”和“文静俊美”两个词语，让学生进行说话训练。在说话中，根据语感，学生明白了这两个词一般是用来形容男女不同性别的。然后引入到木兰女扮男装替父从军的故事上，开始学文。学文的过程无非先是生字生词，扫清阅读障碍。接着以读为主，使学生知道木兰虽然是一位文静俊美的姑娘，但在战场上却是位英勇善战的“男”战士。最后指导学生书写生字，这不是名义上的环节，是扎实的写字训练。老师的字好，学生的字也好，看来绝非一日之功。联想一下该校走廊内的书法作品，也就不觉奇怪了。我们学校也在重视学生的书写，甚至把书写当成了必须考核的内容，经常得到兄弟学校同行们的表扬，但尚未把汉字的书写当成一种能够从教风学风中体现出来的文化内涵来追求。写是语文教学的一项任务，是传承中国文化的一种载体，万万忽视不得。值得一提的是，周老师的字词教学的设计颇有技巧，是按照词语在文中出现的先后顺序，以突出人物性格和事迹为目的而做了巧妙安排。读完后你就能觉得文章的脉络已经出现在眼前，对后面的读文和理解很有帮助。我觉得，这是一堂非常扎实的语文课，她的教学思路和我们的没有迥异，展示了大多数语文课堂的常态，说不出它到底有多好，也说不出它有多少不好——事实就应该如此。

李校长和赵主任听的是一节数学课，反响也不错。李校长认为在没有特意准备的情况下，课上到这种程度已经很不错了。这位数学老师从学生生活的空间里挖出了许许多多的教学资源，而且运用得恰到好处。

这两节“家常课”，就像我们在饭馆里吃到的家常菜一样，用料普通，风味合众，常吃不厌，毕竟高档宴席和名厨制作是少有的。愿我们的学生都能够享受到像这样的两节“家常课”，要求不高。

路过张家港

经卢志文校长的推荐，我们又到了张家港。大街小巷，见到的是苏南地区的繁荣昌盛。

4 月 1 日早上，我们参观了张家港高级中学。在校门口就看到了高挂在教学楼上的巨幅对联：百年长久人家终归积德，天下第一好事还是读书。我不禁想起了曾经在报刊上读过的一篇文章《为师生打点文化底色——高万祥校长的教育批判和文化建设》，看来这是一座书香校园。

果然不错，在高校长的办公室，进入眼帘的是层层叠叠的书；在图书馆里，看到的是默默读书的学生，环境优雅，令人悄然起敬。我仿佛也受了影响，轻移脚步，徘徊在各式各样的书架旁，随手翻看，竟忘记了随队前行。张家港高级中学的硬件建设不如宝应高中，但学习的紧张气氛却山雨欲来，扑人耳面。教室的后墙壁上，赫然张贴着学生的考学志愿，谁上一类大本，谁考二类大本，教室的门窗上也有教育学生恒念父母艰辛和物力维艰的对联。这些都是在给学生施加无形的思想压力，让外力来推着他们学习。

高校长在接待室表达了他对教育的无奈：我原本想做中国最好的校长，当然现在也不放弃这个理想，可是中国教育的环境迫使我们教的是考生而不是学生。高校长的真诚和豁达，真让人敬佩，他丝毫不隐瞒自己的理想与现实的差距。苏南地区应该说是中国教育思想最活跃、教育行为最先进的地区，这与富庶的经济条件有关，也与人们灵活的经营思想有关，商业思想和教育思想结合得很好。江苏省自改革开放以来，出现了许许多多在中国教育界赫赫有名的教育行家，不能不说这里的教育是先进的。但高中，这个受高考指挥棒直接调遣的阶段，即使是在苏南，也逃脱不了应试教育的截击。

临走的时候，高校长送给我们一些张家港高中的材料，其中有一份是他们的校刊《为了学生》。但愿这个在教育界为了学生而呼号奔走的高万祥校长早日实现他的梦想。

在张家港实验小学，我们见到的是另外一番景象。学校里书声朗朗，生机一片，看来小学和高中在办学思想和办学目标上还是大相径庭的。我没听校长的介绍，只是独自一人在他们的校史展室默默地转来转去。学校的办学需要沉淀，沉淀久了，校风学风也就酝酿而成了。这所老校有泛黄的照片为证，有耄耋之年的校友为证。我在想，这个社会在经济繁荣的背后到处泛滥着浮躁，包括文化快餐和思想潮流，可唯独教育，这个与子孙后代有关的行业不能浮躁。十年树木，百年树人啊！

运河之声

杭州是京杭大运河的终点站，风景秀丽甲天下。

4月2日，我们一行和学校的燕老师、徐老师在树人大学汇合。杭州市拱墅区教研室组织的“运河之声”全国小学语文名师教学观摩活动即将拉开序幕。

来自河南省濮阳市实验小学的武凤霞老师执教第一堂课《检阅》。听课完毕，我在听课记录的后面写下了对武老师教学的总结：“深掘教材，拓展文本，训练思维，拷问灵魂。”

给我们留下深刻印象的是来自江苏吴江市（现苏州市吴江区）盛泽实验小学薛法根校长执教的《军神》。他刚下车，连饭都没有吃，就匆匆站在了讲台前。他长得很儒雅，语言和善，很有亲和力。《军神》这篇文章写的是刘伯承将军在年轻时忍痛治疗眼伤的故事。薛老师从让学生分析题目“军神”入手，大体了解文章的概要，然后处理生字词。他的这个环节设计和上面提到的周老师的设计相似，分别学习表现沃克医生的词语和刘伯承的词语，对理解课文内容很有帮助。在阅读课文的时候，薛老师告诉学生一定要把自己认为生疏的地方多读几遍，然后让学生汇报读懂的内容。当学生出现出理解障碍的时候，老师又介绍了时代背景。在整个学习的过程中，教师真的是引导者的角色。在阅读升华阶段，薛老师问学生：“如果你是刘伯承，你怎么样？刘伯承在治疗时真的很痛吗?”

看看薛老师的板书设计，我们就可以看出他的教学思路：刘伯承在动手术时“一药不用”“一言不吭”“一刀不漏”。不管听课的是谁，看了板书，稍微联想一下课文内容，有谁不佩服刘伯承是军神呢？这说明，薛老师在分析教材的时候，抓住了文章的精髓所在。

窦桂梅一节《秋天的怀念》，讲遍了大半个中国，但不同的地方有不同的讲法。窦老师很会分析教材，抓住能够引起人们感情共鸣的句子、词语，反复地读，反复地体会，最后一定让你把感情读出来。听窦老师的课，参与感特别强，你也会被她的激情投入所感动，欲罢不能，那种东北人的语言天赋也被她表现得淋漓尽致。我们也不妨看一下窦老师的板书设计：娘俩、我俩、我们：都好好儿活。这里的“娘俩、我俩、我们”是根据文章的描写顺序而出现的有不同含义的对象，但围绕的都是母亲的那句话“好好儿活”。《秋天的怀念》经窦老师讲来，那是荡气回肠，催人泪下！

窦老师的这节课有两个特点，一个是立足文本，同时又在不断地拓展文本，数次把史铁生的相关文章片断补充进来，丰富学生的阅读内容，使学生的情感酝酿得更充分。在结课的时候，她又向学生推荐了史铁生的《我与地坛》《病隙随笔》《务虚笔记》等读物。第二个特点是窦老师在指导阅读时，先酝酿，厚积薄发。当学生感情不充分时，先让学生谈感受；多个学生谈完了，教师一总结，告诉学生带着这种感觉再读；体会仍觉单薄，就拓展文本加以铺设，使学生的感悟越来越深，读得也就越来越好。窦老师也很尊重学生的感悟差异，但总的价值取向不能变。

今年4月份，“教育在线”挂出的一个帖子《窦桂梅对语文教师的启示》中这样写到：窦桂梅认为，对于经典的文质兼美的文章，教师应该带领学生怀着虔诚的心情走进文本，仔细揣摩文字的魅力，而对于那些不够精彩的课文，教师则应具备一双慧眼，或略“讲”、不“讲”，或大胆“手术”。

在读的问题上，窦老师做过一个精彩的比喻：“如果没有品读、交流环节，没有引导学生在情感和文字里走个来回，仅仅有从文字到情感的‘读懂了什么’就引发开去，就好比电力很猛的钻头在水泥地上擦滑，没有深入到文字的骨头里。”

拱墅区教研室的小语教研员闫学老师是山东章丘人，32岁就被评为山东省特级教师，2004年应聘到了杭州。这次她讲了朱自清的散文《匆匆》，突出的是读，强化的是学生对生命意义的感悟，教学效果不错。另外，杭州卖鱼桥教育集团和拱宸桥小学的几名老师也分别上了观摩课。

回想这些课给人的感觉，与我们东营市实验小学的课、翔宇教育集团的课是有很大不同的。我们都注重阅读，但最大的区别在于我们更多地重视了语言文字的训练，“运河之声”这些课表现出来的却是多关注学生的情感态度，更加关注学生的“生命成长”。我认为，薛法根老师的课能够很好地做到两者的统一，很值得学习。

活动结束了后，因为是闫学老师的老乡，所以李校长和我被请去喝茶。做东的是卖鱼桥教育集团的张敏校长，他的网名叫“管得宽”，很多人称他为“管校长”或者“宽校长”，在座的还有武凤霞等。这些人大多是在网络上结识的同行，对教育的追求很执着。这些人被称为中国语文新生代的老师，不管结果如何，他们在奋力前行，就像真的勇士不畏任何的艰难险阻。当我打开《教师之友》的时候，当我在教育在线上浏览的时候，李镇西、干国祥、韩军等这些关注中国教育的先行者们用他们的智慧和敏锐的专业嗅觉，还有永不停滞的足履，给我们开辟了一条改革的路。真应该谢谢这些中国教育的急先锋们！

2005 年 4 月 4 日，我们回到了东营。

二、我所经历的两次培训

1989 年 7 月，作为东营市第一批进小学的大专毕业生，我走进了东营市实验小学的大门，自此开始了教学生涯。刚参加工作，凡事都觉得新鲜，工作上更是充满了劲头。一个学期之后，也就是 1990 年春节刚过，学校领导决定派我去浙江省小学语文教研班脱产培训半年。据说这是靠着当时山东省小学语文泰斗朱敬本先生的脸面，浙江省教育厅特意给增加的名额。为此，2005 年我在山东省小学语文教材编写组参编教材时，专门拜谢了朱先生。

1990 年 2 月，春寒料峭。我登上了南下的列车，来到了杭州市安吉路小学，投到浙江省小学语文特级教师朱雪丹门下，重新当起了学生。当时浙江省教育厅组织了一批有影响力的特级教师，在全省分批培训小学语文教师。我参加的是第十期培训，也是最后一期。在朱老师的班上，我有幸遇见了浙江省教育厅普教处的杨惠堂老师。杨老也是一位小语专家，专门负责培训班的指导工作。根据朱老师的安排，我担任了杨老的勤务员，和他同居一间宿舍，负责他的生活起居，因此也聆听了不少语文教学的见地，受益匪浅。

按照培训班的安排，我们借安吉路小学的一间教室，除了听朱老师的小语课，还学习了文学欣赏、书法、儿童文学创作等课程。给我们上课的，都是浙江省乃至全国有名的专家和名师。我记忆最深的是上海儿童文学作家圣野先生给我们上儿童诗歌欣赏与创作课。老先生那时已经年近古稀，课上得却非常生动、有趣。杭州市学军中学的杨一青老师给我们上小学作文观摩课，课堂上，他从学生的生活出发，写前指导，写中点评，写后欣赏，给我们上了一节别开生面的作文课。朱雪丹老师是培训班班主任，上一期优秀学员裴秀敏留作辅导员，从学习到生活对学员照顾得是无微不至。特别是对于我，一个从北方来的学员，更是关爱有加。有一天傍晚，朱老师听说我因为不爱吃大米而没有吃晚饭，到商店买了面包，裴秀敏老师陪同着，到学校外面的稻田埂上找到我，当场要我吃下去。夕阳西下，我幸福地吃着朱老师给我买的面包，朱老师微笑着，我却感激得不知说什么好。回想起这一幕，我至今都心存感激。所以，每当有去杭州出差的机会或者经过杭州的时候，都要登门拜访朱老师，师生之谊一直未断。

我特别难忘朱雪丹老师在学习上对我们的严格管理。按照她的要求，我们每一位学员要在课余时间分别写出全套人教版小语教材分析、一册教材分析、一个单元教材分析、一篇阅读课文教材分析、一篇课文的名师课堂教学实录和自己的教学设计。这些作业全部用300字的方格稿纸正楷书写，一个连笔字都不允许出现，否则就要重写，并且不给学员专门写作业的时间。细算下来，这些作业有10万字之多，每一份作业都是厚厚的一摞。我写得最多的一次作业，竟然有40多页，每一个字都工工整整，一笔一画，唯恐朱老师不满意。这既体现了老师的良苦用心，也饱含着我们认真学习的心血。写完了作业，我们最大的收获就是对小学语文的编写体系和教学内容安排有了一个清晰的认识，不论原来教哪一个学段，都能够瞻前顾后、居高临下。

在杭州待了一个多月，我们转移到富春江边的富阳县城（今杭州市富阳区），进驻富阳县教师进修学校。当时这所学校是和德国联办的，教学设施非常先进，录音机、摄像机、编辑机一应俱全，而且有专门的电教老师指导使用。我们在朱老师的指导下，分组备课、讨论、上课、评课，每一位学员的课都要被录像，回来后自己对着录像，逐字逐句整理实录。自己在课堂上的语言和教态，还有学生的表现，完全真实地显现在眼前，看到了庐山真面目，真是有点羞愧难当。同学们“知耻而后勇”，不断地精化教学设计，净化教学语言，规范教姿教态、板书设计，所以进步都非常明显。

在培训过程中，我们除了“读万卷书”，还“行万里路”。朱老师鼓励学员们课余时间去西湖游玩，登山观水，凭吊古迹。富春江边的鹳山脚下，有现代文学作家郁达夫的故居，这也是我经常去的地方。从1990年4月下旬，朱老师带领我们陆续到了千岛湖、绍兴、上海、南京、苏州等地，参观名校，进班听课，拜访名师。在南京，我们有幸见到了江苏省小语文特级教师斯霞。当时她已经80岁了，还和我们座谈，讲小学语文教学法。老一辈语文专家的执着与敬业，给我们留下了深刻的印象。

1990年6月底，我结束了半年的培训，回到了东营市实验小学。这次培训，增长了人生阅历，开阔了工作视野，不仅使我对小学语文认识更加深刻，在课堂教学方面也大有长进。

我参加的第二次培训是2003年11月由市教育局师训办组织的在北师大举行的东营市第一批骨干校长培训。北师大的芦咏莉老师是班主任。来自全市乡镇中心小学以上的40名校长聚集一堂，接受新一轮课程改革环境下的再教育。

在这次培训过程中，我们系统、全面地学习了新课改的精神和内容。教育部、北师大课改研究中心、首都师大以及北京市部分名校的校长都是我们培训班的主讲老师，讲课内容涉及课程改革、学习型组织的建立、学校管理、教师专业成长等。我们还实地参观了北师大附属小学、北京实验二小和北京市光明小学。真的是既增长了知识，又开阔了眼界。

这次培训，又是高强度的学习给我留下了深刻的印象。几乎每天的生活都是在听课中度过的。由于时间紧，讲课的专家在有限的时间内要把专题内容讲完，就迫使我们不能分神，边听边记边思考，随时和专家进行现场互动。除了吃饭和稍事休息，时间全用在学习上。每一位学员都不想落后，都珍惜这次培训的机会，笔记认真记，作业认真写，有时候还要熬夜。每天的作业是不计字数的“每日一得”，芦咏莉老师都要全批全改，批语写得认真中肯。我写的《也说教师的外出培训》《临渊羡鱼不如退而结网》《从巴蜀小学学到的几种做法》《我们行动的起点》等文章得到了芦老师的好评。她说：“从你的反思中我看到了从犹豫到坚定的变化，从观望到行动的变化……真的很开心！而且坦率地讲，作为校长，你已经抓住了此次培训和每次授课的魂！很开心你有收获，实实在在的收获。”

从11月9日到29日，整整21天的学习时间，我们只休息了一天，而且这一天还是在图书馆度过的。我们听到最多的、出现频率最高的是诸如“引领”“专业成长”“深度思考”“学习型组织”等名词术语，做得最多的是思考、讨论、提问、互动，思想上被新一轮课程改革的理念彻底占领了。我是“神州五号”学习小组的组长，要关注组员的考勤和作业，自然是工作做得多，收获也大。

参观北京名校对我触动很大。我所在的学校也算是东营市的名校，可是与北京实验二小和光明小学相比，就差之千里了。从课堂教学上讲，我们之间的差距并不大，因为我听过他们的几节课，感觉平平。我以为差距就在办学理念和校园文化建设上。这些名校长是教学专家，同时引领了一批教师的专业成长。他们办学理念的核心就是以人为本，关注教师和学生的发展。校园文化建设档次高、层次高，显性文化建设和隐性文化氛围都比较先进。参加北京实验二小的青年教师论坛，从教师们的选题和现场互动氛围中，你就可以感觉到实验二小的教师们真的是在研究教学，学生真的是在参与教学。学校没有把任何一块奖牌挂在显眼的位置，而参观学习者却络绎不绝，这就是名声和实力的最佳广告。

芦老师是心理学专家，她从开班之初的“破冰训练”到带领我们到怀柔的“拓展训练”，无不渗透着团队与合作的教育和熏陶，使我们这个骨干校长培训班团结一心，专注于学习。期间市教育局领导的看望和指导，对我们更是一种鼓励和鞭策。最后，在结业仪式上，张洪生局长亲自到场，大家都非常激动，畅谈这次培训的收获和感想。我面对镜头说：“在我的工作生涯中，有两次培训不能忘怀。一次是13年前的浙江省小语教研班的学习，它使我在语文教学的道路上开始了一次新的航程，我明白小学语文教学应该是什么。这一次骨干校长培训又从思想上使我树立了新的教学观或者说是新的教育观，切身体会了学习对一名教育工作者的重要性，理解了校长的办学理念对教师专业成长的重要性。”

三、三节深入浅出的教学课例

8个小游戏

有人说，什么是资深专家，资深专家就是把简单问题复杂化的人。什么是高明教师，高明教师就是把复杂问题简单化的人。2013年9月14日下午，周庆林老师的一堂课，让我们明白了什么叫作“深入浅出”。

周老师是坚持在一线教学的特级教师，他讲座的内容主要是关于综合实践活动能力的表现目标和教学评价。周老师从能力的概念讲起，逐步过渡到学生在探究过程中遇到的问题，以及解决这些问题需要的基础能力。如何关注到学生的学习需要，如何认识学生探究过程的心理反应，是我们很少认识和关注的问题，特别是关于知识的建构这一学术概念，我们只是知道这个词语而已，谁也不曾去研究过，即使要讲概念，恐怕也是生搬硬套。而周老师运用了8个小游戏，与学员们现场互动，使我们清楚而又感性地理解了学生的学习需要、学习过程和知识建构的过程，明晰了知识与技能、过程与方法、情感态度价值观在学习过程中的重要作用，知道了在综合实践活动中如何激发学生学习的能力，如何帮助指导能力有欠缺的学生。

在周老师的8个小游戏中，除了“小狗旋转实验”是美国人设计的之外，其余的“折纸”“硬币描绘”“漫画欣赏”等7个小游戏都是他本人设计的。这7个小游戏关联到教育学、心理学、生物学等方面的知识，使我们由衷地佩服这位年近古稀之年的老教师的智慧。课堂上，周老师亲身示范，和学员一起折纸来体验学习的过程，大家兴趣盎然。他用精确的数据和有创意的设计展示了学习背后的科学，用自己学习左手弹奏手风琴和探究超高音的学习经历，还有那高亢的歌声，使学员感受到了接受培训的愉快和幸福。这是我们从新课程改革以来所听的最受启发和最有收益的讲座之一，大家说，这节课精彩极了。

我们也是教学一线的教师，也是综合实践活动课程的专兼职教师或教研员，但很少有人在教学中去深入进行专业思考，是满带困惑而来参加这次国家培训的。与周老师相比，我们缺少刻苦钻研的精神、探索实践的行动和深入浅出的教学技能。我想，通过这节课，不仅是我，应该所有的学员收获都是很大的。

摆个“人”字给我看

9月8日，吴伦敦教授作题为“建设一支专业化的教师队伍”的学术报告。当他讲到如何理解“以学生为本”时，要求学员们按照他的指令做一个小游戏。

在吴教授的指令下，学员们举起双手，伸出两个食指，组成一个“人”字。他说：“摆个‘人’字给我看。”学员们依令而做，却得到了吴教授的再次着重强调：“摆个‘人’字给我看!”并把重音落在了“我”字上。学员们恍然大悟，纷纷变换姿势，把“人”字的一撇一捺颠倒了位置。

吴教授说："看似一个很简单的游戏，却把以自我为中心的惯性思维表现得淋漓尽致。我们讲以人为本，以生为本，人人口头上会讲，但不见得在行动中落实下来。"原来，学员们第一次的动作，却是摆了个"人"给自己看，丝毫没有把吴教授"给我看"的指令理解到位，把"我"理解成了自己。吴教授解释说，为了把这个"以学生为本"的概念讲解清楚，煞费苦心地设计了这个小游戏。这确实起到了事半功倍的作用，令学员们记忆深刻。

我们在教育教学工作中，确实谁都会讲"以学生为本"，但以自我为中心的行为却表现在时时处处，很少设身处地地为学生着想，也就是根本没有把学生放在需要尊重的主体地位上，言行不一。这一次，大家深有感触，真的把"以学生为本"理解到位了。

吹片树叶飘歌声

邹开煌教授是一位既有教育理论又有实践经验的专家，他曾经为中小学乃至幼儿园上过100多节综合实践活动课。从资料中可以看出，有许多节课的内容是邹教授和学生一起吹树叶。照片上，学生们神情专注，饶有兴趣，也许是被邹教授的神奇技艺折服了吧。

在给我们授课的过程中，邹教授又给我们吹起了树叶。美妙的乐声随着气息飘荡在课堂上，展示了一位综合实践活动课教师深厚的艺术素养。邹教授说，作为一名综合实践活动课的教师，一定要有吸引学生的独特魅力，要把综合实践活动课变成学生喜欢的一门课程。他在课堂上还把刚刚学到手的一个简单魔术表演给我们看。

从另外一个角度看来，邹教授深知，综合实践活动课在实际的教学工作中是一门并不受重视的课程，从事综合实践活动教学的教师也有一些不自信，存在着妄自菲薄的现象，所以他精心备课，把国培工作做得精益求精，以自身的示范教育学员应该怎样去做一名合格的综合实践活动课的教师。

我们这些参加培训的学员，不管是在做教学研究还是在做教学工作，倘若学得这位老师为培训学员而殚精竭虑的精神，综合实践活动课程的明天应该是灿烂而且是辉煌的。一切工作也当如是。

四、听于永正老师谈教学

2005年的金秋十月，于永正老师应邀来到东营市实验小学参加“黄河口之秋”语文教学活动。我作为主要东道主全程陪同，其间还专门把东城区的京剧票友邀请来，以戏会友，与于老师进行了联欢。于老师很高兴，唱罢了京剧，又和我们聊起了语文教学。以下是根据于老师的谈话整理的文字。

（一）我是这样教语文的

备课时，我想语文的亮点在哪里？在课文里，在字词句篇里，在听说读写里。怎么教活？怎么教出兴趣？我想关键是把握好教材。比如教《圆明园的毁灭》，先让学生读，感觉怎样？恨、愤怒、痛恨。把感觉读出来。会读书，要把一个字、词读成一段话，再找四个字：掠、搬、毁、烧。这是吃透教材后才有的思路。

《藤野先生》中鲁迅先生和藤野先生关于讲义的对话，我问学生对话怎么读，学生读“拿来我看！”语气重。我说如果我是鲁迅，你是老师，这样说我，我不会尊重你，太严厉了。听我读，看我的表情。（于老师先用严厉的语气读，又和蔼坚定地读）哪种好？第二种，又温和，又必须照做，不拿来不行。最关键的是下一句“第二天是星期日”，我告诉学生藤野先生星期日是应该休息的，但他在给我批改讲义，所以“我大吃了一惊”，这表现了藤野先生的认真、严格，学生恍然大悟。好多老师没抓住这几个点。老师要走进文本。老师走进文本，把握好了，才能胸有成竹地引导学生走进文本，学生才有恍然大悟的感觉。

再说写字。汉字，不得了，中华民族的瑰宝，充满智慧的文字，要写正确、规范。怎么规范？我举例子：“奖”字中“夕”从哪起笔？孩子一般写不对。我讲“奉”字，撇捺写长；酒“五粮春”的“春”字，撇捺特别长，但我们觉得就该那么长。我讲《梅兰芳学艺》中“艺”字的“乙”的折从哪拐弯？从草字头中间就拐，弯大一点，过了就不好。汉字很有意思。我讲《第一次抱母亲》里面的“阅”字，细节要备到。“教育无小事”，把书读好就有兴趣，就启发心智。我讲《看菊花》，小女孩忸怩，小男孩干脆。我读给大家听，看你能不能听到特点。（于老师贴近人物地朗读，读出了小女孩的忸怩、小男孩的活泼干脆。在座老师被于老师精彩的朗读感染了，笑了，又情不自禁地鼓掌）你说朗读是不是活的？朗读是活的，讲解是死的，朗读是赋作品以生命的。课堂上，学生体会不出来，跟我读好了。走进文本，要朗读好，让孩子自己感受，才能把孩子教活。我给你们有感情朗读《月光曲》。（大家鼓掌欢迎）多美妙！其中的联想多美，去掉联想就失去90%的美，没什么可感受的了。“比喻是文学的骄子。”《小燕子》中什么是“晕”？月亮周围的光环。“一圈圈荡漾开去”，为什么不写几圈？曲谱什么样？多么美，多么妙呀！让学生想象。是什么曲谱？《春天在哪里》《小燕子》，唱唱。《看菊花》为什么叫千手观音？看花瓣像什么？花瓣尖像五个手指半握着。讲“高山流水”，仔细听，似乎有潺潺流水的声音，让学生想象。

（二）作文也不难教

作文，一般的两节课不够用，那就让孩子带回家去写，有的孩子两三天才能交上来，没有关系的。到了五、六年级，有的孩子写得多了，就不写草稿了。告诉孩子，你一遍成功，写得尽量工整点。大作文的空行就是让你来补充的，如果需要补充东西，也可以用个箭头拉过来，在旁边补；去掉的东西，按照修改符号规规矩矩地去改，这是完全正常的。作文不要只看孩子抄写得工整不工整，关键看他修改得好不好，要看他修改的痕迹，原来写得不好的，用词不当的，最后用词恰当了，只要发现这样的问题，我就大力表扬。这句话不恰当划掉了，我一看就该划掉这句话，我就知道他会修改，因为好文章是改出来的，要鼓励孩子改，学会改。到了高年级，我就把作文修改部分作为作文评价部分。孩子们都注意改作文，都注意推敲，第一遍先写下来，第二遍改，这是我要求的做法。这样可以省点时间，一般两节课能完成。如果需要观察的、需要做实验的，要提前做。有的作文需要观察一段时间，比如我们苏教版教材有一篇作文观察日出、日落的，还有好多观察像风雨啊等自然现象的，不一定什么时候能碰到，因此这样的作文要提前一个月告诉他们。老师要提前把作文训练看一看，可以需要上网查的，需要通过查资料的，也要提前做准备。苏教版好多作文都要统计资料，这样的也要提前布置。提前做准备后，一般两节课不写草稿，大部分同学都能做完。

到了高年级，字呢，不要求太正规了，否则很耽误时间。苏教版到了高年级写行书字，行书字的用处最大。刚开始学生写字的时候要用楷书，要把字的楷体掌握好，楷书掌握好了之后，变行书很好变，即使变了行书也很好看，很规矩。而且在教学当中，我还收集了一百来个常用字的草书，比如这个“的”我就收集了几种草书，这个用的频率最高，这样草，按规矩草，就不算错。这样一来，孩子写作文的速度就快一点了。高年级作文写得那么长，还一笔一画地写，确实为难孩子了。苏教版教材为什么五年级以后安排行书字，就是从实用出发。但是行书、草书不是乱写的，它有体。老师们对书法感兴趣的话，可以买草书字帖。孩子将来走上工作岗位，很少用正楷体的。我一生当中只有一次用过楷书，就是大学写入党申请书，一笔一画地写。所以，行书的实用性最大、最强。

这两个问题注意的话，作文安排两节课一般都能完成。跟孩子说的时候，第一遍抄作文用钢笔抄，改的时候用铅笔改，这样显得作文本比较干净。还有一条，为了减少老师改作文的负担，我一直这样做，老师们可以试一试，三年级、四年级都可以试。每两个孩子结成一个对子，作文写完了互改，互改以后再交给我，不然的话不收，而且改完了签名，互改用铅笔改，一定要用铅笔改，万一改错了可以再改过来，这么一来错别字就少了。原来我没这样做，改作文比较快，好多错别字没有改出来，校长就批评我："老于，你怎么连错别字都改不出来?"我当时心里不服气，说："你看看我班作文写得好不好，再说我改得好不好。"我当了教导主任以后，看作文的时候，首先不看老师改得怎么样，先看这个班的作文写得好不好，随便挑出几本，哎呀！这个作文写得太好了，我就要表扬这个老师，尽管他改得不好，我表扬他，是因为他会教。互改以后错别字大大减少，校长也不批评我了。后进生与优秀生结对子，那改得不能再好了，同时他们互改作文也是互相学习的过程。

还有，一定要做出评价，评价就是要多表扬，多读作文。好同学的能力哪里来的？兴趣哪来的？读作文读出来的。我上学的时候就希望老师读我的作文，老师读一次作文，这个劲能管半年。读作文的时候，不要光读那个好的，后进生只要有一个词用得好就读那句话，这个词太恰当，这个比喻句用得太好了，把局部放大，他虽然全篇写得不好，可是局部有优点，有闪光点。还有标点符号，标点符号用得好就单独表扬标点符号，破折号用得好，破折号用得很恰当，就把这句话放大。标点符号表明逻辑，表明你的头脑清晰不清晰，标点符号用得正确了，表明他思维好，所以，表扬他的标点符号，就是表扬他的思维。评作文要用放大镜去看，到处找，他没想到，他的标点符号用得正确了会受到我的表扬，并且是那么郑重其事的，这对他是多大的激励。标点符号是有学问的，是表情达意的，比如"圆明园是中华民族不可估量的损失……"为什么结尾是省略号，这是来表达感情的，要引起你的深思，是让你回味无穷。

（三）教好学的诀窍在于善待学生

泰戈尔说，理解是爱的基础。我见过一个学生，小学二、三年级，脏乎乎的。他老师说："脏死了！去，洗洗。"我说："王老师，你不要这么说。他是小孩，小孩流鼻涕是正常的，不知道擦也是正常的。大人流鼻涕不擦，才不正常。"有一次我和这个小孩闲聊，他问我："于老师，你知道鼻涕是什么味的吗？我告诉你吧，是咸的。"我装作大吃一惊："你是怎么知道的？"他得意地说："有一次鼻涕流到我嘴里了。"我回头又说王老师："为什么这样的话他和我说，不和你说？因为我理解他，不理解就没有爱。"

一个孩子穿着崭新的校服来上学，放学回家，脏了，这正常；如果回到家，干干净净，不太正常，因为孩子是活动的、调皮的，不可能静止不动。孩子跑啊，跳啊，叫啊，在冰心眼里，这是儿童的朝气蓬勃，她也把这些写到文章里。我很注意平时观察儿童，比如小孩子走路的时候不是走，而是跑，一直在跑的就是儿童。大人就不像儿童，该走就走，该跑就跑，不会动不动就跑啊，叫啊。回到刚才的话题，要理解儿童。儿童的强项是什么，发扬它；弱项是什么，补救它。但有些学生很难改变，如果上次考 20 分，这次考 30 分，下次考 40 分，就很不容易了，考及格就更了不起了。我们要贴近他们，鼓励他们。

老师要跟学生很快地贴近，要蹲下来，因为老师和学生是平等的关系。如果这个老师很平易近人、很幽默的话，能很快拉近和学生的距离。我每接一个班的时候，都非常重视第一堂课，一定要把第一堂课上好，让每个学生下来之后都喜欢我，这是非常重要的。平易近人也好，幽默也好，更重要的是老师要有真才实学，要把课上好。范读课文，要读得有声有色：如果是难过的，把眼泪都给憋出来；如果是很兴奋的话，读出笑容来。要善待学生，善待学生有利于拉近距离。不是不要批评，批评他要有理；不是不要发脾气，发脾气要有理，要发得心服口服。

我女儿当老师了，我给她写了 20 条建议，发表在《教师博览》上了，很多杂志转载。我最近出版的《教海漫记》也编进去了，里面反复讲不要体罚。我里面写了这么一句话：宁可让教育失败一次，也不能人为地体罚儿童，以免造成更大的伤害，因为这个伤害是无法弥补的，这个失败是无法挽回的。面对这样的学生，我们还是要耐心一点。如果有一天一个孩子调皮捣蛋，影响大家学习了，老师该厉害，就要厉害。老师不能上课光笑眯眯的，那是假象。因为上公开课，众目睽睽，那么多人看，哪有敢调皮的？咱当老师的一人一个班，谁不知道哪个班有调皮的？怎么办？该严厉要严厉，该瞪眼要瞪眼，该训斥要训斥，拍桌子可以表达我气愤的程度，但说话要注意，千万不要说伤害孩子自尊心的话，要尊重人格。人格一定要尊重，就事论事，打破了盆说盆，打破了碗说碗，不做作业说为什么不做作业。做事拖拉，如果老师放纵了，是老师不负责任，学生长大了要埋怨我的。所以这个事不能拉倒，你一定要补起来。我刚才的话核心是尊重，尊重人格，尊重差异。

五、新加坡教育考察的沉思

2007 年 11 月，我有幸随团到马来西亚、新加坡进行教育考察。导游介绍说，新加坡独立于 1965 年，位于东南亚中心，马来半岛南端，面积 648 平方公里，人口 380 万。新加坡是个多民族的国家，其中华人占 77%，马来人占 15%，官方语言是英语。各民族保留着自己的语言，如华语、马来语、印度语及泰米尔语。新加坡有完善的教育体系及制度，是融汇东西方教育成功的典范。政府大力发展教育事业，普及国民教育的同时，重视吸收海外留学生前来求学，并为他们提供奖学金。政府大学 3 所，理工学院 5 所，其他院校 40 多所及私立院校上百所，各类中小学和国际学校 360 多所，这些学校都是外国学生留学的选择对象，新加坡目前有外国留学生约 4 万人。所以中国人在新加坡旅行，不必担心语言交流上有障碍。

由于我一直是小学语文教师，自然对语言环境很敏感，也很感兴趣。在一周的时间里，我不断地听当地华人的言语，看华文报纸，和带有华人面相的人交谈，结果感到汉语并非像报纸说的那样“热”。在考察的过程中，我听到的多是马来语、英语，汉语（狭义上的普通话，下文称“华语”）仅是其中很少的一部分。当地的老一辈华人多为广东、福建籍，所讲的话也以华语方言（粤语、闽南话等）为主，而作为华人主体的年青一代（一般指 20 世纪 60 年代后出生的人），英语是他们的交际和工作语言，华语的使用仅仅局限在很小的圈子里，甚至华语渐渐地不会讲了。新进的华人移民，华语程度虽高，但多数人以讲英语为荣。为了交流的方便，我们也被迫偶尔讲上几句英语。

在新加坡基督堂中学，我们有幸和校长进行了一次交流，结果这位华人校长的华语讲得非常差，经常词不达意，说话磕磕绊绊。幸亏有一位冯姓主任（她是中国南京大学汉语言专业的研究生）在一边做翻译，才使得交流进行下去。这位校长说自己“英语要比华语讲得好”。尽管学校大门口的墙壁上写着“基督堂中学”几个漂亮的汉字，但是教职员工之间的交流一律是英语。

参观一所职业学校时，碰上了许多来自国内的学生，问一下才明白是到这里学习英语的。这些学生其实在国内都有英语课上，为什么不远万里到新加坡来呢，其实就是看中了这里的语言环境。在圣婴女子小学，我们受到了热情接待。学校的领导全是华人，除了一位华文部主任（祖籍山东威海）的华语讲得不错，其他人就不敢恭维了。一位姓林的副校长，标准的华裔，却连我的普通话都听不太懂。我向她提出来看一下学校的华文教材，用汉语夹杂着英语，再加上肢体语言，讲了半天她才明白，答应向华文部转达我的意思。

在圣婴女子小学的校园里，正好赶上小学生拍卖自己制作的各种小工艺品。孩子们看到我们，很高兴地围上来让我们买。我肯定听不懂英语，但大概的意思我明白。遇上华人模样的小孩儿，我就用普通话和他交流，顺便测试一下他的华文口语水平，尽管水平不一，但基本的交流没有障碍，这使我很高兴，也顺便向他们学了几句英语。

在马来西亚和新加坡都有华文报纸，我不管内容如何，都要看一看。结果发现了两个很有趣的现象，一是繁体汉字和简化汉字并存，二是文言文的句式和词语经常出现。有一天，在旅行车上，我看到一则讣告，看上去讣告的范式很古代，基本上不用白话文。比如有“哀启者”“先慈”“孺人”“随侍在侧”“亲视含殓”“遵礼成服”“执绋”等。这些语言，如果不是古代汉语知识较丰富的人，想说出个子丑寅卯来是很难的。

来新加坡之前，我有一个印象，就是在汉文化的传承上，中国台湾、新加坡、韩国、日本四个地方做得都不错，甚至保留了很多中国古代的优秀传统。例如毛笔字（软笔书法）在非汉语（日语、韩语）环境中仍然有很大的市场，倒是在中国内地这个汉文化的发源地渐渐地蜕变成了一种少数人的特长与爱好。《小学语文教师》编辑部的李振村老师曾经讲过这样一个故事，说是在江苏某著名小学的接待室里，挂着很多来访者的墨宝，而写得最好的竟是日本的一位校长，中国人写的反而相形见绌。来到了新加坡，参观学生作品的时候，发现这些华人后代们写的毛笔字充其量算是涂鸦，没有一点美感，但我已经在谢天谢地了，至少他们还没有忘记中华传统文化。

新加坡内阁资政李光耀曾经说，如果新加坡华人失去讲华语的环境，今后要再造同样的环境将极为困难，所以要求他们必须在日常生活中和公共场合讲华语，让全体新加坡华人能生活在讲华语的环境之中。但是我们应该看到，新加坡的华语教育面对的一个深层问题是“脱华入英”，即华语面临被英语取代的趋势。随着新加坡讲英语家庭每年以2/3 的比例增加，如果不采取有效措施，新加坡华人的母语可能变成英语，华语则变成外语，龙的传人渐渐没有了龙的声音。从国际规则上我们不能干涉别人语言的选择自由，但是在感情上不能接受“一个真正的中国以外最像华人社会的华人社会”变成一个语言西方化的国家。

新加坡是一个典型的多语社会，其特定的历史条件以及对经济发展等的追求，促使政府确定了特定的语言教育目标，形成了新加坡特有的语言教育体系。新加坡以英语为行政语言，就使得华语在客观上成了第二语言，而新加坡的华语教育也就是第二语言教育。据有关资料介绍，新加坡政府把华文教育分作三个层次：（1）培养华文文化精英的华文课程；（2）普通华文；（3）不强调读写能力的华文“B”课程。“高级华文”是属于精英的水平；“华文”是属于大部分华人所能够掌握的水平；对于那些竭尽所能仍无法掌握华文的学生，他们则将达到华文“B”课程的水平。由于政府把华文作为第二语言教育来设置，所以，为儿童选择母语或非母语教育的任务更多地就落在了家长身上。家长的主观态度对教育语言的选择起着重要作用。据当地学校的负责人讲，大部分华人都希望自己的孩子能够继续学习华语（列英语之后），而其他种族的孩子若要学习华语，则必须征得家长的同意，并由家长向学校提出申请。我们在圣婴女子小学听课时，仅仅发现一名马来族的小姑娘若即若离地半路插进了课堂。

在这堂课上，杨彩利（Ms Jolene Yang）老师所上的内容，根据我们国内对课型的一般划分，应该属于语文实践活动课。尽管杨老师让学生通过听、说、写与思维的综合训练来正确、流利地唱出儿歌，通过合作学习完成老师所设计的活动，最终达到能正确、流利地朗读课文，但是从教学过程看，学生几乎没有话语权，几乎听到的都是老师的喋喋不休，学生盘坐在地板上静听。按照我的评价标准，这是一节效率低、容量小、学科性不强的课。遗憾的是，我们没有完全听完课，就被主人引向别处参观了。

在林副校长的帮助下，我买到了他们学生用的华文教科书（一年级上、下册），一看原来是人民教育出版社出版的，编写顾问也是国内如华东师大的有关专家。翻看内容一看和我们使用的教材差不了多少，在练习题的设计上也有些不同。虽然在教材设计上大同小异，但教学设计和教学方法却有天壤之别，教学效果可想而知。学生对华语听、说、读、写能力的掌握到底如何，不是我这短暂的教育考察所能了解的，不过我真的怀疑新加坡这个华人世界的华语水平是不是日趋渐进了。

总的来说，由于新加坡政府基于经济发展的考虑和曾经是英国殖民地的历史渊源，再加上华人虽多却多处于社会底层的缘故，英语在这个以华人为主的社会里大行其道。政府虽然从民族感情的角度出发做了大量的发展华语的工作，但实际反映出的效果并不乐观。我认为中华文化的传播首先是建立在中华民族崛起的基础上，中国不强盛则汉文化亦不强盛，一厢情愿地夜郎自大是卑微的。反观在中国的英语教学，确实是值得我们深思的一个问题。全日制学校的英语课程、课时计划、专业师资、数不胜数的培训机构、各种资证对英语盲目的要求构成了一个“全民英语”泡沫氛围，一方面是多数人的“哑巴英语”，一方面是中华传统文化的被轻视。我们不能任其“沉者自沉，浮者自浮”，要大力规范、发展、振兴中华民族的汉语，充分巩固汉语的母语地位，适当发展英语等第二、第三语言，并不断让汉语影响英语，逐步提高汉语在世界上的地位，不能因为有几个洋人学点汉语就沾沾自喜，又焉知洋人学习华语的真正企图在哪里呢？

《亚洲周刊》一篇文章在分析海外华文的情况时说，对中华文化的向心力会随着中国的发展而增强。语言的市场价值决定了社会是否主动地学习和使用某种语言。因此，中国全方位的发展、政治和经济地位的上升为海外华语教育注入了新的活力，它将是海外华语得以维持和发展的强大动力。我只是深爱着自己的民族语言，希望龙的传人要发出龙的声音，仅此而已。令人欣喜的是，新加坡李显龙总理鼓励国人再接再厉，进一步提高掌握华语的能力，提升新加坡社会的华语水平。他说：“我们应鼓励那些华语基础不错，同时又有能力和兴趣的人继续努力，以掌握更高水平的华语和加深对华族文化的认识。现在的目标是鼓励新加坡华人在家里和公共场合使用华语。如果我们只使用英语，导致母语失去它该有的定位，我们将逐渐流失价值观和文化遗产。社会本质将退化，最终人民会失去信心。我们会觉得自己像二等公民，永远都在模仿他人。”

李显龙建议从三方面保持华语的生命力。第一，人们应该把华语当成生活语言，在日常生活多使用华语。大多新加坡人已在学校掌握基本白话文口语，所以以华语对话应该不会太困难。第二，通晓华语的家长应充分利用自己的长处，为孩子制造学习双语的良好环境，鼓励他们掌握最高水平的华语和英语。“家长扮演的角色很重要。他们应该鼓励孩子养成良好的阅读和会话习惯，为孩子打下掌握双语的基础，使他们一生受用不尽。”第三，学校和教师也扮演着重要角色，帮助学生更有效地学习华语。很多学校开办各种语言深化活动，包括跟中国的学校结成姐妹学校，让学生对华族文化有更深和更全面的认识。“我相信只要我们再接再厉，华文和华语在新加坡将是富有生命力的，前景一片美好。”

2005 年，新加坡全国推广讲华语运动主题曲《我想听你说》的歌词是：喜欢到底怎么说，你用微笑来问我。假如你要靠近我，别让空气太沉默。幸福到底怎么说，你用心跳来问我。假如你要珍惜我，说出来温暖得多。真心话要勇敢说，属于你的要把握。我想听你说，好不好笑一笑。拉近你和我，贴心话要开口说。属于你的别错过，只要你肯说，我愿意很愿意，为了岁月一起过。

真心地希望，龙的传人永远要发出龙的声音。

六、美国康州教育启示录

2009 年 1 月，受东营市教育局派遣，我随山东省教育厅代表团赴美国康州参加了为期 21 天的教育培训。期间深入康州 2 所小学、1 所初中和 1 所高中进行了实地参观、听课、交流，看到了比较真实的美国中小学教育现状，思考颇多，遂感性而作此文。记录所见，思考所闻，目的就是想在素质教育的背景下，为学校发展寻找路径和策略。

历时多年的中小学课程改革早已进入了新时代，中国的教育现代化建设取得了巨大成就，学校的办学条件和育人理念、教师的教学方式和学生的学习方式都发生了很大变化，社会和家庭更加关注教育，“立德树人”“五育并举”的观念也更加深入人心，这绝非课程改革的前几年所能比。今日再现原文，是想把我在课程改革的过程中，以一个教育者的身份如何观察中西方教育、如何寻求教书育人真谛，做一个定格，留一个印记，其表现出来的浅薄和不成熟，难免贻笑大方。

引 子

2008 年的最后一天，山东省中小学骨干校长培训班暨“齐鲁名师”赴美培训即将成行。在青岛机场附近的山航丹顶鹤酒店，张志勇副厅长给我们送行并作了重要讲话。他在讲到这次培训学习的意义时，指出我们现行教育在“培养什么人”和“怎样培养人”的问题上非常不明确，尤其是在做法上更是功利性太强，结果是没有培养出孩子们正确的核心价值观，甚至在某种程度上出现了扭曲。

张厅长给我们讲了一个事例。有一次，中央电视台《对话》栏目组织了中美中学生辩论。其间有一个选择题，让双方在“财富、真理、智慧、美”中挑选一个最重要的事物。美国学生惊人一致地选择了“真理”和“智慧”，而中国学生除了一个人选择“美”以外，也惊人一致地选择了“财富”。

在这个节目中还有一个题目，就是现场制订对非洲儿童的援助计划。中国学生首先是莫名其妙地进行了才艺表演，最后才草草地说出要在非洲援建希望小学之类的宏观计划。美国学生则注重“食物、饮水、疾病、教育”等问题，并逐一细化，形成了一个较为可行的整体计划。

张厅长要求我们这次培训一定要对美国的社会文化、教育文化所体现出来的核心价值观有所了解，要用心去学习，不要盲目自大，以为中国的基础教育好，其实我们这点“好”是用时间熬出来的。

一

今天，我们参观了科技馆，看到了美国家长调教任性孩子的全过程。我正在坐着休息，一个小女孩号啕着跑到临近的座椅上埋起头来，后面不紧不慢地跟着一位中年男子，大概是她的爸爸，坐在小女孩的身边若无其事地四下观望。滨州的宋老师试探着劝说小女孩，可是丝毫不起作用。但是她可能是听到了陌生的语言，竟抬头观望。我和宋老师都笑了，因为小女孩的脸上没有一丝泪痕，她是在干号，典型的任性！做父亲的只是很冷静地在听她说话，一点哄劝的意思也没有。过了一会儿，小女孩的妈妈来了，她仿佛是看见了救星，扑上去趴在妈妈的怀里边哭边拱。做母亲的只顾着和丈夫说话，也不理会小女孩。最终小女孩偃旗息鼓，归于平静。我们把这个过程全看在眼里，作为教育工作者，自然会和我们身边那些溺爱孩子的家长做个比较，觉得真正理智的家长当如是。顺便提及一下美国的科技馆、博物馆、图书馆都是免费对外开放的，里面专门为儿童放映科普动画、电影，国家承担着对少年儿童进行科普教育的责任和义务。我国会迅速赶上或超过美国，适合青少年活动的场所一定会趋向公益性。

启示：我们应该面对这样一个现实，第一代的独生子女多数已经为人父母，在教育下一代的问题上失误较多。一些孩子的任性、自私、怕苦怕累，以及对其缺乏正确的约束，造成了越来越多的教育障碍。我们一定要讲个性发展，讲尊重孩子，但绝不意味着当他还是未成年的时候而姑息溺爱，姑息溺爱的后果就是永远得不到孩子对师长的尊重。教育要宽容但不纵容，教育要有爱但不溺爱。约束和理智，是我们做家长的应该学会的教育艺术。

二

1月5日，专门负责山东和康州教育合作事务的教育厅官员格丹先生接待了我们，并为我们作了一场报告，详细介绍了康州的教育现状和研究成果。美国法律规定，由州一级政府负责公民受教育的权利，所以教育经费就由州政府和学校所在地的镇政府承担95%左右，教育的决定权和发言权就落在了出钱多的部门。美国的学校管理是没有统一的集权性的管理，但是现在正在趋向集权，正和中国目前的教育改革的呼声相反，因为中国的专家在大声呼吁要实行个性化的办学而不是硬性的统一。他希望在这个相对运动的进程中，中美教育应该有一个正确的合理的交汇点。

格丹先生在谈到教育方式时，重点讲了他们的研究成果。他说，美国的教师不是教学生而是在帮助学生学，实行的是以学生为中心的教学方法。只听不动不叫学习，积极参与才是真正的学习。美国的教师上课都很投入，一天下来有些老师甚至累得都不想动了。美国学校的教室布置都很灵活，就是为了便于学生参与学习活动。教师上课一定要注意三件事情，即教学目标的设定、学情的了解和保证学生新旧知识的联系。

康州教育研究的结果表明，有九种比较有效的教学方式并根据其作用的大小排列如下：（1）让学生学会识别知识异同点；（2）让学生学会概括和做笔记；（3）不断地鼓励学生；（4）保证学生的作业和练习；（5）提供直观性的图像帮助学习；（6）开展合作学习；（7）检测学习目标并反馈；（8）让学生知道答案并不唯一；（9）培养问题意识并开展探究学习。（注：以上是根据翻译整理的笔记，并按照我们的语言习

惯进行了补充、修改，可能有曲解的地方）

启示：在教学上我们习惯去寻找个体经验，先相信自己的成功经验，然后去复制到教育孩子的过程中。倘若我是从博闻强记中取得了成功，便会要求学生博闻强记；倘若我是从题海战术中熟能生巧，便会要求学生大量练习。我们看一下美国康州教育的研究结果，他们有效的教学方式是建立在研究基础上的，是一种综合性的经验，而且有数据表明它们的作用是有大有小的。我们读来都不觉得陌生，甚至在教学中也使用过，但要我们讲出其中的奥妙所在，恐怕有些难度。在山东省强力推进规范办学行为后，靠延长学习时间、增加学生作业量的做法不行了，提高课堂教学效率、开展有效的教学迫在眉睫，广大教师转变教学观念，采取必要的科学的教育方式是目前的首要问题。当然，当课程设置和课时计划被严格执行的时候，我们也要考虑教学内容的容量、难度是不是和学习时间形成一种匹配和谐的关系，否则提高教学效率很难。

三

1月6日，厄尼斯特先生把我们接到了第17学区。我、聊城水城中学史校长、威海七中袁校长受到了学区学监盖瑞先生、学区中学校长米姆女士的热情接待，不仅有丰盛的晚餐，还有当地教育委员会举办的欢迎仪式，当地电视台也播放了我们即将到访的新闻。随行的翻译是来自台湾的陈小姐。

1月6日晚，大雪纷飞。我们住在一位来自杭州的中国同胞王先生家里。王先生的两个女儿就在17中学读书。夜是静谧的，我们不知道雪要下多久。第二天，电话告知，因雪天路滑，停课一天。我和史校长无事可做，出去顺着坡度较缓的山路走了一会儿，就这一会儿，雨夹雪就把我们淋回来了。王先生和他的两个女儿还在睡觉。我们在各自的房间看书、整理笔记、上网，迷迷糊糊地，就像室外阴沉不明朗的天气一样度过了一天。

1月8日，早晨。我们用过早饭，整装待发，可是又被告知推迟2小时上课，因为路结冰太滑。等厄尼斯特把我们接到学校，市长助理理查德先生、米姆校长、尅特老师早就等候在办公室，所有碰到我们的教师都和我们热情地打招呼。校方列出了以分钟为单位的活动日程，从10：00—下午5：00，除了中间40分钟的午餐，简直是马不停蹄。陪同的翻译是来自台湾的李毓静女士。参观学校布局、进课堂听课、和学生交流，我们是脚不沾地。李翻译是口若悬河，陪同人员轮番上阵，因为每一项活动都有不同的人员陪同，他们是接力式的陪同，不会影响他们的整体工作，只有厄尼斯特坚持到底。

进入学校的第一天，我有如下收获和同事们分享。

1. 17中学的每一个教室或者公共场所，到处都有电话，走廊里不远就有一组自动直饮水设备，每一楼层都有教师休息或者饮水、吃点心的房间，每个教室里都配有大的垃圾桶，美术、劳动技术、生活技术的工具、用材全部由学校供应，物质极其丰富，每一间教室里和一些公共场所都有较大型号的复印机。我问米姆校长，美国有没有办学条件比17中学差的学校。米姆说，如果把美国的中小学校分成14等级的话，17中学应该排名第4。

2. 17中学有六年级到八年级的学生800多人，教师有100人左右。2006年开班，教职工一开始有50人，2008年发展到100人。校长给我看了他们两年来的合影照，这和我们晨阳学校是何等的相似啊。我们在下午4：00—5：00参加了学校的一个特殊教育研讨会，大概有10位特殊教育教师参加，主要是商定特殊教育对象。会后我们聊了一会儿，得知17中学的教师相当累，工作量极大，因为除了校长，每个人每天都要上课（很多课堂都是两人一组，其中一人为特殊教育辅助教师），每天都要召开30分钟的教研组会议，备课和批改作业都是在家中完成。上班时间上午8：00—下午5：00，中午在校用餐不回家，而且仅用40分钟。学生放学时间一般在3点左右，我们没有发现一例拖堂者。其实用不着教师拖堂，学生一到点立马收拾书包走人，根本不理会老师。

3. 17中学的课堂秩序很好，尽管学生坐姿随便，上下位自由，但是我们所到班级都很静，学生注意力集中，即使下位去扔垃圾，眼睛也在盯着老师，心无旁骛。所有的发言都是举手，而且经过老师批准后才或站或坐地回答。只是我们不知道美国小学教学秩序如何，下周我们就会领教了。

在走廊里，我们陆续发现了三个男生在不同的地方坐或者趴在地上写作业（走廊地面铺有地毯）。经过翻译询问，竟然是没有完成家庭作业的学生在补作业。这些学生在那里很镇定，看见我们还笑眯眯地打招呼。哈哈哈，学生的心理素质太棒了。

在课堂上，学生的参与度很高，老师也有意识地创造机会。比如说让学生帮助板书、移动鼠标、指定发言等，一看就是训练有素。轮流的方式充分地运用到各项教学工作中，既能够保证教学资源（场地、器材、教师）利用最大化，也能保证每一位学生都能当主角。

4. 对学生习惯养成教育学校自有一套路子。一般性的错误由任课教师口头批评，但不能因恶小而常为之，超过5次即开始记录在案，这时用蓝色表格。蓝色表格达到三次就会换成红色表格，表示可以送副校长帮助管教了。较重的错误，比如作弊、暴力、吸毒等，直接填写红色表格，送达副校长处。只要是红色表格，一定要请家长到校谈话了。如果副校长觉得问题足够严重，则提交学监并由学监提交教育委员会讨论决定是否开除学生。对学生的惩罚方式一般为停课、停学、开除等。我已经把17中学《学生管理手册》拿到手了，回去让英语老师翻译后交政教处参考。

5. 学校对学生管理严而不厉，对学生的坐姿、执笔姿势教师一点都不管，不是所有的老师都允许学生上课吃零食。据王先生的女儿讲，学校里只有两位教师允许学生在他的课堂上吃零食，我就碰到了一位。校长和孩子们的关系很好。翻译说，校长永远唱红脸，副校长唱黑脸，学生们害怕的是副校长和政教处的一位老太太，因为她专门负责看护那些停课的学生在她的办公室里写作业。我发现了一个有趣的现象，就是美国的学生戴眼镜的相当少，尽管他们一天上7节课，每节课45分钟，读写姿势也不好。我们国内课不比美国学生多多少，还要做眼保健操，为什么小学高年级近视率30%以上、中学60%以上呢？戴眼镜的比比皆是呢？我把问题提给大家讨论，美国的同行感到问题很奇怪，连翻译也感到奇怪，他们认为近视与遗传有关，与学习姿势无多大关系，更不理解中国竟然还有眼保健操。在我的一番解释之后，大家有了一个共识：虽然中美学生在校学习时间差不多，但是美国学生学习用功度不如中国孩子；美国学生体育运动明显多于中国学生，尽管中国学生每天锻炼一小时；美国绿色比较多，养眼；中国学生家庭作业明显过多，这恐怕也是一个很重要的原因之一。

6. 谈到美国学生的体育运动，我们是大开眼界。今天下午，校长陪同我们观看了一场校际篮球赛，那水平比我们国内成人的业余水平还要高。队员中有高个，也有一米四左右的小个，但是他们篮球基本功好，配合战术好，投球命中率高。第三小节没有比完，最高得分已经到了60分。可惜失败的是东道主17中学，这是我根据第三小节的得分估计的。美国的篮球运动普及得好，但乒乓球就惨了，我随便一挥拍，17中学的副校长、厄尼斯特先生就纷纷败下阵去；在国内仅仅参加过3个礼拜乒乓球训练的王先生的女儿，竟然是学校的乒乓球冠军。美国的同行一谈美国学生的体育运动，全都是高雅和深沉的，比如篮球、曲棍球、高尔夫球、游泳、垒球等。校长邀请我们去打高尔夫球，吓得我们直摇头。

启示：2004年，《读者》上有一篇文章《中美教育20年》，其中有这样一段文字：1979年6月，中国曾派出一个访问团去美国考察初级教育。回国后，访问团写了一份3万字的报告，报告这样叙述了访问团的见闻："美国学生无论品德优劣、能力高低，无不趾高气扬、踌躇满志，大有'我因我之为而不同凡响'的意味，小学二年级的学生，大字不识一斗，加减乘除还在掰手指头，就整天奢谈发明创造，在他们眼里，让地球调个头，好像都易如反掌似的；重音、体、美，而轻数、理、化。无论是公立还是私立学校，音、体、美活动无不如火如荼，而数、理、化则乏人问津；课堂几乎处于失控状态。学生或挤眉弄眼，或谈天说地，或跷着二郎腿，更有甚者，如逛街一般，在教室里摇来摇去。"

我不知道这篇文章的真实性如何，但现在可以负责地告诉同行们，我所看到的美国康州的中小学教育教学绝对不是这样的。在课堂上，教学秩序井然，学生们学习虽然比较轻松但是很认真，学生不能随便离开教室，即使是上厕所，也只能一个一个凭出入牌轮流去，学生也有家庭作业。我带回来的《学生管理手册》已经翻译完毕，单是小学初中的"学生管理"部分，就达26000字之多。在课程改革中，我们吸纳了很多西方的教育理念，但很多符合教育规律性的东西，我们却抛弃了，想当然地执行着"自由""个性"和"尊重"。

四

今天再说说我遇上的三个志愿者，就是我们所说的义工。

我们在美国碰到的第一个志愿者是刘女士，她来自东北，现在麻省理工学院当教授，已经到了快退休的年龄。她到康州负责我们和格丹先生交流的翻译工作。格丹先生的报告名词术语很多，我们提出的问题又是比较专业，在不同的文化背景下交流是很困难的。刘女士一直微笑着，站立着，把学术交流变成了一场对话。事后我们都评价她的翻译水平高。她从麻省到康州，大约需要一个半小时的路程，都是她丈夫，一位经商的北京人驾车把她送来，一直等到活动结束才离开。因为刘女士出过车祸，自己有心理负担，不敢开车了。这样翻译一件事，麻烦两个人。

第二天等到我们进入康州教师培训中心和三位校长交流的时候，还是刘女士担任翻译。交流大概进行了4个小时，我们和美国的校长都是坐在座位上，但刘女士一直站着，左右逢源，把交流活动融合得恰如其分，最后只是手里多了一瓶水。12点多一点，培训中心的主任不得不打断了交流，因为午饭送来已经好久了。刘女士拿了一个三明治，匆匆上车走了，她解释说1点钟还有一个会议要参加。这位刘女士非常热情，和每一位校长打招呼，说再见。我们说，水平越高的人，修养也更高，全然没有一点架子。

第二位志愿者是来自台湾的陈小姐，家务事很多，但是一有志愿者的活动，她总是积极参加。尽管她的英语水平不是很高（她女儿的评价），但是热情有加。到康州接我们三位的时候，把一些安排讲得非常清楚，好像她就是负责人一样。那天晚上有接待晚餐，还有欢迎仪式，其实等到晚餐结束的时候，天空开始飘雪。欢迎仪式结束的时候，已经晚上9点多了。她把我们所有的问题交代清楚后才驾车离去，让我们非常感动。

第二天，陈小姐因为家务紧急没有来，接替她的是同样来自台湾的李女士，她的英文名字叫尤金尼。尽管她是第一次到17中学，而且是驾车50多分钟，有70公里的行程，但好像和校长、老师都很熟悉。后来才知道，这些志愿者都很和蔼，注意记住每一位见面的人，很会消除陌生感，产生亲切感。一天下来，我们三位累得两股战战，背地里一个劲儿地说累。但这位已经退休的李女士，照样神采奕奕，丝毫看不出半点疲倦。我表扬她体力好，她也只是微笑着说："还是你们体力好。"我们来回都有车接送，和李女士相比工作时间一样长，但工作强度还是人家翻译大，因为我们只说一遍，她要说两遍，还要表达准确清楚，沟通明白，脑力耗费特别大。李女士自己来回驾车接近两个小时，况且人家是一个退休的女性。不管从哪个方面，我们真是自叹不如！

回来的路上，我和史校长谈起这三位志愿者，分析她们为什么无偿、自愿地投入到这些工作中来，付出比常人更多的精力、体力、财力。我们觉得这就是一个人格魅力上升的体现，一个人的精神世界富裕的体现。这些人豁然大度，修炼自己，帮助他人，无私奉献，在他们眼里没有高低贵贱之分，对谁都热情帮助，态度和蔼，是精神的力量使她们不知疲倦地工作，最终她们得到的就是精神享受，心理满足。谢谢这三位志愿者！

启示：2006 年，我初到晨阳学校就提出了在中学生和教师中开展"做义工"的活动，并且把它当作学生和教师必备的素质之一。2007 年，学校成立"义工团"，开展了一些活动。今年我们准备把"义工"活动从校内拓展到校外，从学生教师拓展到学生家长。从我国传统的"积德行善、补路修桥"到西方的"志愿者、义工"，这些都应该视为社会文明的体现。我认为，"义工"活动是教育中不可或缺的元素。

五

为了更全面地了解美国的教育，确切地说是了解 17 中学的教育，我们今天和学生家长，即王先生的太太，进行了一次长谈。王太太是大连人，在上海读的大学，应该说她的思想观念里还有中国应试教育的痕迹，我把这个因素充分考虑进去了。但是王先生和王太太均为高学历，接受新事物快，思维活跃，况且来美国已经多年，孩子一直在美国上学，对一些事情的辨析能力还是有的。

我们的话题还是从学生近视率上切入，王太太很快就表达了对美国现行教育方式的不满，也对中国教育方式提出了自己的观点。她说，中国的教育应该继续抓住关注教学质量这个根本，这是中国的优势，然后在学生能力发展上下点功夫，对一些过分的东西适当做一下调整。比如说数学学科，不要把内容搞得太深，缩减一些课时，多培养学生的创造能力、组织能力，多参加一些活动。她说她来美国之前不了解美国学生的体育运动，等到她送女儿参加游泳时，才知道美国的体育运动才是群众性的体育运动。我们把山东省实行规范办学行为的事情讲给她听，她对学生每天体育锻炼一小时表示支持。

谈到美国的教育，王太太对布什政府提出的“不让每一个孩子掉队(Leave no body behind)”提出了批评。现在有好几个州都在反映这个问题。因为布什政府的这个政策，虽然照顾了一些需要特殊教育的学生，让他们跟班就读，政府付出了巨大的人力、财力，但是把一部分正常学生，特别是优秀学生给忽略了，用新的不公平代替了原来的不公平。凡事不能走极端，因为几个包括智力缺陷在内的特殊学生，把教师的精力占用了，结果收效并不大。而那些正常学生因此大受损失，应该挖掘的潜能得不到挖掘。两种损失孰大，学校和家长都很清楚，但因为这是法律，学校无能为力，家长颇有微词。家长认为应该建立专门的特殊学校，不要让那些需要特殊教育的学生随班就读，否则互相受影响，两败俱伤。有些家长看到特殊学生在学校受到特殊照顾，也故意向学校申请把自己的孩子变成特殊教育的对象，这时候就全然不顾学生的自尊心是否会受到伤害了。

关于美国学校对学生成绩是否公布，王太太说了自己了解到的情况。因为她的两个小孩都在中学，所以对中学的情况比较熟悉。美国的中学不会公布所有学生的成绩，但会公布考试成绩比较好的学生名单，然后发奖。高中一定要把好学生进行排名，但考得差的是不会出现在排名榜上的。像美国的著名大学，如哈佛、耶鲁之类，还是在录取学生时先看分数，然后根据其他条件录取，特别是对学生的能力要求比较高，而像国内大学的特招生现象是不存在的。

美国现行教育方式的主要问题在于课堂教学内容少，效率不高，甚至有的教师到学期末竟然完不成教学任务，校方也不是太在意这些事情。教师对于自己的学科教学有较大自主权，上课的随意性比较大，教学质量难有保证。安全是美国学校的第一要务，家长对学校要求比较苛刻，学校害怕家长诉讼而迁就学生的情况比较严重，因此美国学校的课堂一般是散乱的。而中国的教育方式过于严肃，以传授为主，但教学质量有保证。在美国的学校里，如果你仅仅是学习好，很有可能要被嘲笑为“书呆子”，所以这些学生不像国内学习好的学生那么自信。但是等到考高中的时候，那帮嘲笑别人的人方恨读书晚，才知道成绩的重要性。其实美国那些孩子学习成绩比较好的家长还是赞同学校要关注教学成绩的，希望老师适当多布置一点作业，只有那些文化水平低的家长才会到学校去责问老师为什么布置如此多的作业。有一些学校也趁机打出提高教学质量的牌子，以此获得更高的知名度和其他利益。

我们在 17 中学看到学校确实重视那些需要特殊教育的学生，一月开一次例会。我们所列席的那个会，光是参加会议的特殊教育教师就有 10 名之多。在参观过程中，我们也遇见过几名智力缺陷和患有自闭症的学生。我们应该知道，智力缺陷孩子的学习成绩和他将来的发展以及对国家社会的贡献，是不可能和正常学生同日而语的。从人性关怀上讲，布什政府的方针没有错（Political correct，政治上正确），但是在实际运作过程中，采取随班就读的方式，确实会互相影响学习效果，家长的担心不无道理。由此我想到了我们曾经在教育上提倡的一句口号：“只有不会教的老师，没有学不好的学生。”真是和布什政府的“Leave no body behind”有异曲同工之妙。不管当初提出这个口号的人如何解读，确实在某种程度上对教师和学生都造成了一种影响和伤害，学生因此而飘飘然，教师因此而愤愤然，而各级教育业务和行政领导也有了推脱责任对象。凡是不尊重规律，不顾及客观事实的行为，都是不负责任和站着说话不腰疼的行为。

最后，王太太向我们介绍了在美国的日本补习学校推广的“KUMON”教学法，就是自己首先观察和分析例题，然后去做练习题，有计算，有阅读。这些练习题都是分阶梯等级的，教师要根据学情来确定你应该在哪一个等级。

王太太分析得颇有道理，令我和史校长受益匪浅。关于教育，家长应该有相当的发言权。比如说学校不公布学生成绩，是否争取了大多数家长的意见等。如果我们的教育能够多一些理智，少一些跟风，尽管不敢保证必定有多少效果，但我想稳扎稳打的结局还是没有问题的。

启示：教育是需要见仁见智的，不同的意见可以代表不同的需求，但是我们应该从中抽出有共性的或者有规律性的东西。我们参观的学区，每所学校同样关注学生的学习成绩，发展学生各方面的能力，比如组织数学竞赛、家长可以查阅学生成绩、部分家长会让孩子参加补习班等。尽管王太太是美籍华人，受到中国教育的影响比较大，但是毕竟在美国生活20年了，她也应该有了基于美国现实的教育子女的观念。我们要承认孩子在学校是以学习为主，以学习前人科学的间接经验为主。只有先把这个基础打牢了，然后才有创造和创新的基础和动力。我们不能本末倒置，当需要培养能力的时候而忽略了基础，就如一个人在婴幼儿时期需要喂养，稍稍长大后学着自己吃，然后才可以自己做饭一样。

六

按照培训的进程，我们今天到了BURR小学。这是一所开班于20世纪70年代的学校，较为陈旧的房舍表现出一种历史的厚重感。校长劳森是一位非常帅气的小伙子，也是这所学校除了清洁工以外的唯一的男性。早上8：00，我们观摩了校长主持的一次干预会，主要是讨论关于教师提出的把一位学生定为特殊教育对象的问题。参加会议的有教师，有心理医生，有语言专家，但最终结果是没有采纳那位教师的申请，决定观察一个月后再议再决。

9：00，我们在校长的带领下参观了学前班。学前班的小朋友大多是有智力或者其他问题的孩子，一般在3~4岁。一个班十几个孩子，却有三位教师在教室里上课，所谓的上课就是分组陪学生进行讲故事、拼图、做游戏等活动，甚至包括吃东西。教室外的走廊里，整齐地挂着衣服和书包。校长介绍说，学前班的小朋友每天一到校，就要学习照顾自己的东西，比如整理书包和衣服等。家长也会把孩子的一些特殊情况写在卡片上放在书包里，让老师看到。学生的习惯真的是在从小抓起。

说起习惯，BURR小学所做的很值得我们借鉴。先说安静，在礼堂，在餐厅，确实能听到一些嘈杂，但绝不是令人讨厌的喧嚣。在这种情况下，教师一般会小声数“4、3、2、1”。一听到“1”，学生立马静下来，和我们在班上喊“1、2、3”，学生再喊“坐端正”一样。但是我们双方老师的声音不一样大，我们是大声，人家则是嘘声。下课了，教师需要把学生带到另一间教室里，先让学生在教室里把队伍排成两队小声唱歌，老师也在小声唱。一唱完，嘴巴一闭，鸦雀无声地出门了。在走廊里，学生基本是排队走，声音几乎没有（走廊、教室全铺有地毯）。

教室里上课的时候，那才叫“活而不乱”。大部分教学活动都是分组，老师巡逻，时不时地参与到某一个学习小组中。没有尖叫，没有争吵，只有一节课，很像我们的课堂，教师在黑板前讲，不时地提问一下学生。我看到这节课，觉得很熟悉、很亲切。

讲完了“安静”，再说“书写”。如上所述，我们觉得美国的小学教学既然连秩序都无所谓了，成绩也不要，书写大概就更不值一谈了吧。出乎我意料的是，在每一间教室里，几乎都有阿拉伯数字和英文字母的书写规范，用红笔在四线三格里把笔顺都标注出来，张贴在黑板上方或者其他显眼的地方。暂不管学生书写水平到底如何，单看他们的教学管理理念，一是出乎我们的想象，二是遵从了教学的原则。尽管除了汉字以外，其他文字几乎没有书法（书道），但是要求书写认真、书写流畅、书写规范总没有错误吧。

在校长办公室，我向他提出了一个如何管理学生的问题。他给我拿来了学区统一印制的《小学生日常规范手册》，也拿来了两张表格，一红一黄。红的是在学生犯了较严重错误时通知家长的，黄的则是学生向校长报喜的。每当学生做了一件自以为很棒的事情或者很好的事情，自己认为有必要向校长推介自己，就填一张黄色的表格，实际是给校长写一封信，说校长先生，我想让你知道我做了一件如何值得称赞的事情等等。校长收到学生的自荐信后，如果属实，也会亲自打电话告诉家长，共同分享孩子的成功和快乐。同时，学校也有一种类似奖状的荣誉证，如果哪个孩子在某个方面有突出表现，则会得到一张这样的证书。

另外，很多班级都制定了自己的班规，内容不多，但非常实用。在一年级的某一个班，我让翻译给我说一下这个班的班规，大概就是当别人讲话的时候不能插嘴，眼睛要看着面前这个讲话的人，手要放在腿上等意思。在这个班我们还看到了一个课前班会的内容。学生到教室后，集合在一块演示板前，老师讲一下今天要关注的事项，学生则要谈谈感想和收获，再用自己喜欢的方式和同伴打打招呼，或握手，或拥抱，或微笑，这些都是培养孩子良好的情绪和情感，促进班级和谐的重要方式。

最后再谈一节数学课。上课的是一位年轻的女教师，授课内容是认识100以内的数。她把学生分成若干组，有的玩数字跳棋，有的在数数，有的在讨论，动嘴的、动手的、看的、听的、想的，各种方式都有。教室里到处张贴着从一到几百的数列，给孩子们创造了一个非常茂密的数的认识的学习环境，让孩子们在不知不觉中，在耳濡目染中加深了学习印象，巩固了学习效果。

启示：天下的教育都是一样的，凡是有教育的地方都能映射出一种规律，比如说学习环境需要安静、治学思想需要严谨、管理方法需要严肃、学习过程需要兴趣，等等。美国教育也需如此。

七

本周，我们的房东王先生组织了一次家庭聚会。聚会的地点放在了来自上海的钟先生家，参加晚会的有王先生、钟先生、高先生三家和我们三位山东校长。远在他乡，大家讲着熟悉的话语，品尝着熟悉的中国菜，仿佛是在济南或者东营，心里很是高兴。以上介绍的诸位都是20世纪90年代初或者之前来美国的，主要途径是读博士。

这些人的高学历和学生家长的身份，注定了他们对教育的关注和熟悉，也有洞察教育的能力和机会。在餐桌上，我们交流了如下话题，因内容杂乱，不好一一分清，只好一一罗列。

第一，美国中小学家长会的程序及内容和我们所做的差不多，只是家长随时可以通过学校网站看到孩子在校课堂、作业、考试、活动等的情况，考试成绩也公布在上面，能很全面地了解孩子的一些情况。当然要有个人密码，否则是看不到的。如有疑问，随时可以到校找相关老师和校长交流。

第二，在美国，比较重视孩子学习成绩的有来自中国、韩国、日本等国的亚裔，还有犹太人。美国人当中有一部分家长和中国人持一样的观点，所以这些人的孩子学习成绩较好。但是，因为价值观念不一样，所以重视的方面也不一样，有相当多的美国人不认为学习成绩好将来的生活就一定好，抱怨作业过多或者过少的大部分都是美国人。

第三，几乎所有的家长都认为，学生的基础知识固然重要，但最重要的是孩子的综合能力。我们一般认为学好了文化课就能代表一切，学习好就意味着什么都好，对做人、对孩子生存能力的要求偏低。美国人认为孩子的领导能力很重要，年级越高，这种意识越强。他们不会指定一个班干部，一定是选举，每个人都要求有锻炼的机会，所以通常是轮流“执政”。各有所长是他们的行动指导理论。

第四，美国孩子考大学的时候，不仅要看考试成绩，也要看高中学段的成绩排名，还要有任课教师的推荐信，是否担任过班干部，是否从事过社区义工等。在这些环节的操作过程中，诚信是很重要的保证。如果没有了诚信，整个结果就变成了不公平。

第五，美国学生做义工的主要形式有到老年公寓去慰问演出、到医院去帮助护理做点杂务、组织各种募捐、到展览馆去帮助打扫卫生、当导游、帮助检票、到公园里清除灌木、帮助竞选者拉票，等等。一般高中学生一学年要做满 40 小时的义工。因为美国各个州的规定不一样，所以义工的要求也不一样，但是做义工是对学生的普遍要求。

第六，在美国，不允许学生“talk back”（回嘴）是一个基本习惯要求，这是涉及尊重和维护威信的原则问题。在我们看到的课堂上，学生相对来说多彬彬有礼，很安静地倾听别人的发言，极少有插话现象。每当别人要发言而周围有少许的低语时，也会有人“嘘”一声，立刻一片安静。至于回嘴，我们没有碰上。我们知道，当孩子进入青春叛逆期的时候，就会挑战家长和老师的权威，试探着回嘴，一旦家长和老师不当回事，孩子和学生就会得寸进尺。至于有些溺爱的家庭，孩子从小就养成了回嘴的坏习惯，让人觉得真是缺少教养。

第七，说到体罚，中国和美国都不允许，这是对孩子人格尊重和保护的底线。在美国的学校里是允许罚站的，美国老师让学生罚站，但是罚的不是站，而是把他隔离出来，罚他不能参与他喜欢的活动。所以美国学生一般在校内很少受到罚站的惩罚。我们从中可以看出，对学生的惩戒是有很大学问的，绝不是一打一罚了之，也不是简单地禁止了之。

没有惩罚的教育是不完整的教育，如何惩罚，我们缺少具体的操作制度，不妨参考一下美国的学生管理手册中的内容。

第八，我们在交谈的时候，还在不停地做记录，很令同胞们感动。他们说这才是真正的学习者，我们说就把这次聚餐当成一次家访吧。钟先生说，现在美国实际上是在走下坡路，他们目空一切，不愿去学习别人的长处，而我们的祖国正在上升，大家在勤勤恳恳地工作。只是因为社会发展阶段不同，国情不一样，所以造成了教育上的区别，但各有所长，应该互补才是。王先生说，到美国来学习不要像海绵，干净的水，污染的水，统统都吸就不行了，其实美国的教育有些地方我们也看不惯，比如说教材太浅，教师水平也是个问题。没有别的办法，我们把孩子又送到“KUMON”去补习，要不然孩子在公立学校吃不饱的。其他的同胞都点头称是。

启示：我的这部分收获都是家长们给的，由此可以看出美国学生家长对教育的熟悉、了解和关注程度。我想教育不仅仅是教育行政部门和学校的事情，也是社会和家庭的事情。得不到社会和家长的理解和配合，教育只能变得单薄、机械和无力，最终贻害的还是社会和家庭。

八

1月14日和15日，我们考察的是一所高中。在全校师生欢迎我们的集会上，当地的政府官员和校长都有致辞，学生给我们表演了器乐和声乐节目，整个会场气氛热烈而有序。

校长查理是一个很开朗的老头，在他的办公室里悬挂着2008年毕业生送给他的画像，内容竟然是悬赏2008美元“通缉”查理校长。校长解释说这是学生给他的爱，因为是他4年来领导有方，学校有了很大的发展，学生毕业率和升学率都很高，大专以上录取率达到90%。查理说：“在管理学生上我努力寻求一种爱和权威的平衡。学校决策的出发点是为了学生的利益而不是教师的利益。”查理介绍说，在这所高中里，以分管学生操行的副校长为主组建了专门帮助学生的团队组织，如果发现哪个学生有异常表现或者遇上了困难，帮助就会悄然而至。每个礼拜都会有专门针对学生需要帮助的例会。学校有85%以上的学生分别参加了20多个不同的俱乐部。查理校长说他们研究的结果表明，学生参加多一点的活动，学习成绩会更好一些。学校也会有专门培训学生干部的工作安排。在美国，学生的领导和组织能力是相当受重视的。

分管学生操行的副校长是一位极其矮小的女士，负责教育管理的盖瑞先生说她是一位“会让所有学生发抖的人”。这位副校长介绍说，学校对高中学生的管束是比较严的，不会容忍学生小错不断，小错过多同样会受到处分，从口头警告到停课甚至开除。如果家庭导致孩子学习或者品行受到影响，学校会通知社会局的工作人员去告诫家长，必要时学校也会报警。当我们问及高中学生的早恋、校园暴力、吸毒和持枪等问题时，副校长解释说，他们学校没有这些现象，但前几年曾经发生过学生吸毒的事件。但这些现象不是普遍现象，只是偶尔发生而已。对学生发生早恋，学校会去提醒学生不要这样做，但不会去粗暴干涉。至于未婚妈妈，有的学校也有，但学校会设有未婚妈妈哺乳室，帮助这些学生尽可能完成学业而不至于离开学校。如果学生发生暴力和持枪行为，那学校就会把它看成是很严重的事件，处分是严厉的，后果也是学生不敢想象的，所以学生一般不敢这样做，平时除了体育课，连轻微的肢体碰撞也是很忌讳的。

分管教学的副校长陪同我们听了一节语文课和一节化学课。那节语文课是一堂作文指导课，老师发给学生两篇风格不同但都是满分的好作文，让学生明白尽管文体不同、内容不同，为什么都得到了肯定，都会得到6分。学生一般是在老师引导下，从范文中找到自己认为精彩的地方，读一读，然后和附近的同学交流一下。学生在这节课上表现得比较沉默，举手要求回答问题的极少，老师没有办法，只好点名读，要不然就在那里喋喋不休，课堂比较沉闷。而在化学课上，因为是动手操作，课堂气氛就比较轻松舒缓。18个学生分成5个学习小组，自己去称量化学试验药品，自己加热观察发生的现象，自己去记录试验过程，老师在不断地巡回指导。学生们在实验室里都穿着围裙，戴着目镜，安全保护措施相当好。副校长介绍这位化学老师说，他是全国有名的好老师。我问这个老师好在哪里，副校长说化学老师会讲课。我接着追问只是会讲课能算好老师吗？副校长又解释说化学老师很会打比方，学生比较容易懂。我这才明白这位化学老师的高明之处在于能够“深入浅出”。在平时我也会经常说，聪明的老师能做到“深入浅出”，一般的老师能做到“深入深出”，拙笨的老师就会“浅入深出”，越讲越讲不明白，以其昭昭，使人昏昏。

在校长的陪同下，我们考察了学校的基础设施和使用情况。这所高中各类教室齐全，功能完善，器材配备充足，使用状况良好。有三个不同的劳技教室给我留下了深刻印象，一个是没有学生的维修教室，里面布置了汽车修理的各种机械，一个被拆得七零八落的剪草机放在维修操作台前，两辆破旧的汽车被“开膛破肚”。校长说，这些用来上维修课的实验品都是从废旧回收站拿来的。在木工教室，我们看到了五花八门的木工用具和机械，以及大量的成品和半成品。美国树林多，木材也多，即使不用买，单是从树林里捡也会用不完。学生正在上课的是家政课教室，基本上像一家餐厅的操作间，各种厨房设备都有，只要对烹饪感兴趣的学生都可以来这里上课。学生可以按照自己的兴趣和特长制作一个菜，教师评判并记分，这个计分就是该生这门课的成绩。我们应邀品尝学生作品，因为我们对西餐不了解也不感兴趣，说不出到底怎么样，只是硬着头皮一个劲地说好吃，说得学生和老师眉开眼笑。

我们提出了参加此类活动的学生安全问题，老师说，学校早就考虑到这个问题，因此加入了校方责任险，另外活动前有安全教育，告诉孩子违章操作的后果，再就是把各类器材安全保护提前做好，手套、护目镜等工具一应俱全，基本上没有出现安全事故。

启示：美国的学校教育做得很细致，真正是为学生的成长服务的。学校对学生关注不仅表现在学业教授上，还包括帮助、关爱、保护。正如查理校长所说的：“在管理学生上努力寻求一种爱和权威的平衡，学校决策的出发点是为了学生的利益而不是教师的利益。”为此，学校投入了大量的人力、物力和财力，而这些投入的背后，是政府和社区的强力支持。校长没有把所有的责任都自己扛。

第五章　教育的引领与榜样

我是从一名教师成长为一名教学管理人员，最后来到教学研究岗位的，引得很多人羡慕我。“事非经过不知难”，我自然知道做校长的难处，但是做校长也有做校长的乐趣，比如有条件把自己的教育教学思想（姑且称作思想）变成现实，成就感巨大，比实现个人专业成长更值得自豪。本章节列举了我的老校长和笔者担任校长的事例，后来我们都成了《山东教育》杂志的封面人物。我不赞成“不想成为将军的士兵不是一名好士兵”的说法，不做校长做一名好老师也很幸福，就像本章中列举的“苹果”老师一样。我出于一名校长向同事见贤思齐的思想，也出于一名语文教师的专业责任，拿起笔亲自为他们撰文，宣传他们的模范事迹，树立他们为同事们的榜样，传播正能量，因此也感到一些欣慰。最末一篇文章是《山东教育》副主编吴润梓先生为我而写的，纳入此书，也算作我 30 年教学生涯的里程碑吧。没有理论，只有实践和感想，我来告诉你。

一、引领超越

我曾经做过 8 年副校长、6 年校长。从我自身的成长经历看，校长对于一名教师的重要性等同于一名教师对于学生的重要性。在我看来，学校是研究学问之地，不是娱乐场，不是衙门机关，是传承人类文明、学习客观文化和间接经验的场所，需要安静和平静。学生要在人生之初的 10 年左右的时间，汲取人类文明几千年的精华，间或有一些深入探究，而教师和校长都是公共知识分子，是学生学习的伙伴和引领者。不管专家与学者如何严密地充满逻辑地给校长下定义，校长不过是个其中的组织者、领导者。这就是当初我对教育、学校和校长的理解。

我们应该看到，校长和校长不同，如同人的性格不同一样。差异的本质在其倡行的学校文化不同，而学校文化的不同，缘于校长的操守、信念、学识和对社会文化认可的容度不同。在世界近现代教育史上，我们推崇那些校风几百年风雨不动的名校，因为学校发展的背后有一批以文明传承为己任的校长；我们推崇不为五斗米折腰的骨气校长，因为他们的操守作为一种教育资源潜移默化给了未来的国家公民。学校成就了校长，校长发展了学校，校长就是学生和学校之间有思想的媒介。名校长和现代校长是一个交集，共性的部分是有名气的现代化的校长，一方面是卓有成效，一方面是与时俱进。我羡慕名校长，但我不刻意追求。我心目中最佳的境界是按照现代教育理念发展一个学校，形成自己学校文化的特色，名校长自然而然水到渠成。如果刨除功利的成分，不谈什么功名，现代化的校长需要引领学校中的自我、教师、学生来不断地超越。

校长要想引领超越，首先要善于自我超越。校长往往是由教学经验丰富的老师担任，正是这丰富的教学经验，会成为一个校长角色突破局限的障碍，成为超越自我的障碍。以语言、客观文化为中介的教育活动有其自身的规律性，从教师到校长，有着不尽相同的视角、态度、格局、人格要求等精神主体特征和文化审美水平，在一段时间内难以逾越，但角色的转移和改变却是瞬间的。因此，校长的自我超越要从角色转移、心智模式和行为做起。

我个人认为，一个学校的工作虽然千头万绪，但核心问题有三个：学生发展、教师专业化成长、校园文化建设。学生发展是核心；教师专业成长是关键；校园文化建设是基础。抓住这三件事情，就是抓住了主要矛盾，其他的事情都是次要矛盾，由此校长的行为指向就比较明确了。

学生的发展决不仅是学习意义上的发展，校长要善于创造条件，使学生存在于学校的生活状态为超越式的。太阳每天是新的，学生的生活也是新的，校长应该把主要思考放在学生身上。我以为，校长要创设一种环境，把民主的办学思想凝练成校风，让学生天天浸润在这种环境中。校长要教给学生一种思想，把人生而平等的观念变成信念，使学生的人格魅力得到张扬；校长要培养学生一种习惯，把创造和创新外化为行动，使学生的人生发展能力从学校就开始逐渐养成。我曾经给学生多次提出要求：安全第一、健康第二、学习第三，由此衍生发展的目标是：（1）要有健康的体质和活泼好动的性格；（2）要有良好的人际关系和初步的交际礼仪；（3）要有扎实的学科知识和文学艺术审美能力；（4）要有创新思维和创造能力；（5）要有积极参加公益活动的态度和行为。如果学校毕业的学生走出校门的时候，他具有上述的基本素质和能力，他就是发展了自己，超越了自己，就是一个合格的毕业生了。

在这里，我们给学生预设的发展目标是基于培养现代化的并与国际化接轨的人才设想，是培养有素质的新公民目标在基础教育阶段的具体体现。我当然深知社会对基础教育的需求，至少在现阶段对学科成绩的关注还是很多的，所以也强调了“扎实的学科知识”。虽然社会和家庭对素质教育认同，但更关注学科成绩，这对校长的办学思路是个高要求，我想这是一个引领学生发展和超越的不可突破的底线。

说到学生的发展和校长引领超越的关系，不能不说到学校规模的问题。很多人素来好大喜功，希望把事情做得大而强。强强联合、打造行业“航母”的观念无不影响着企业界和教育界。我在学校的时候，全校有2500名在校生，我能直呼其名者不过200余人，能混个脸熟者不过400余人，尚有近2000名孩子如果不穿校服，如果不主动和我打招呼，就无法认定他是本校的学生。多么悲哀的现实！这样还谈什么引领学生的发展与超越，恐怕连基本的教育都谈不上了。我多次探讨过办学规模的问题。我们的共识是，一所学校维持在七八百人最好不过，衡量的标准就是校长能够认识每一名学生，能够叫出任何一名学生的名字。亲其师，才能信其道，我们不能高高在上做校长。只有沉浸在学生之中，才能把握学生的需求，才能引领学生超越自我。

从学校内部看，在以客观文化为中介的教育教学过程中所形成的师生关系，对少年儿童来说是一种重要的生活际遇。教师与学生在这种关系中交流，既有才能和能力的展示与影响，又有情感、观念等精神活动的交流与暗示，因此建设一支高素质的教师队伍对学生的发展至关重要。

教师队伍的现状总是相对滞后于教育形势的需要。教师有自身的学历、工作经验、工作流程和社交圈，这些因素限制和阻碍着教师自身的发展，在一定程度上影响着为学生发展服务的工作能力。教师需要专业化成长，这既是一种现实状态，也是一个不断深化的过程。校长关注教师培训，引领教师专业化成长，引导教师不断超越自我，显得格外重要。我们学校教师来源有两类，一部分是招考上来的有县区或农村中学工作经验的教师，一部分是新毕业的大中专毕业生。这两部分人要想从事好城市学校的教育教学工作，在工作中贯彻素质教育的要求，需要校长做大量的工作。幸好目前教职工队伍的优势是工作态度积极，工作干劲足，这是做好培训和引领工作的基础。

观念决定着行动。素质教育也好，优质教育也好，都需要教师有一个发展的教育观。教学过程是师生的生命相互创造与提升的活动，是创造力和生命力的活动。这个观念的形成，需要教师在否定中超越自己旧的传统知识本位，让学生在课堂上能体验到知识增长、智慧开显、人格提升的喜悦和快乐。教师应该感到课堂是其生命价值发挥的场所和重要的生命经历的活动，从而热爱教育教学工作，热爱学生，体验生命的价值和意义。

所以说，营造一种适合教师专业成长的资源环境显得非常重要。业务学习、外出进修、读书看报、合作交流，都需要校长来为他们创造机会和提供支持。根据以往的经验和现状，我初步为每一位教师设定了一个成长线路图，那就是“读书—教学—反思—整理—交流”，循环往复，坚持不懈。读书要做到精读专业书和博览群书相结合；教学要做到落实新理念和讲求实效相结合；反思要做到反刍读书所得和实际工作相结合；整理要做到工作思路和工作新行为相结合；交流要做到团队内日常交流和传媒中的文字图像交流相结合。这种成长模式是易行而有效的，是最需要校长提供的资源环境。

我关注到网络在教师专业化成长当中的作用，准备把博客当作教师专业成长的有效平台。教师可以充分利用博客及时发布自己的教学信息，逐渐形成资源库，对今后使用是非常方便、可靠和有效的。教师将自己的一些教学反思、课题研究成果等通过博客这个平台发布之前，必然深思熟虑；一旦发布出去，就会收到各种评价，这又可以继续修正使之日臻完善，无形之中推动了教师的专业化发展。

一个校长若把教育想象为某种样子，他就有可能把该校的教育做成什么样子。当校长真正理解了教育的本质以及社会需要什么样的教育，才会对教育有一定的理解。我很赞同“教育是助长的别名，也即为了帮助下一代的成长和成熟，成年人所给予年轻人的一种扶持”这一种说法。教育是一种文化启蒙和精神启蒙，可以帮助人们完成从经验领域到自我发现和自我超越意义的开发。在一次“头脑风暴”活动中，我们总结出了教育是引人向善的活动，教育是有价值导向的活动，教育是一种教导和学习的活动，教育是一种获得成就的活动。

由此看来，教育不仅要保存文化、传递文化，而且要引导人们超越已有的文化，不断地创造出新质文化，使学生不断地在文化驱使下改变现有的生活方式。因此，不论是从人本身的需要还是从社会的需要，校长的责任在于引领超越。

二、做有品牌效应的教育

2009 年 5 月 11 日到 16 日，我随东营市骨干校长研修班到北京市灯市口小学挂职一周，其间又访问了中关村一小和北京市实验二小。北京市小学名校的办学理念、文化建设、管理思路、课程开发等给我留下了深刻的印象，挂职的学习经历因此而变得丰富充实。

北京市名校校长具有强烈的教育品牌意识。他们介绍说，北京市中小学之间竞争十分激烈，在合并校中合并别人还是被别人合并，面临的是生存的抉择。因此，建设品牌学校，发挥品牌效应，赢得社会和家长的认可，显得十分重要。比如我们所去的灯市口小学低年级部，原来是礼士胡同小学。礼士胡同小学在被灯市口小学合并以前，也曾合并过几所其他规模较小的学校，现在却“改旗易帜”，变成了灯市口小学的一个分校。不管是中关村一小还是灯市口小学，或是北京市实验二小、光明小学，都是一校多址，渐渐有了教育集团的雏形。因此，在激烈的教育竞争中，打造自己的品牌，形成自己的办学特色，壮大自己的规模，在首都之中占有自己的一席之地，是多数学校的生存策略。

品牌怎么打造，则是北京名校校长们处心积虑的工作重点。从我们了解到的几所学校可以看出，建立自己与众不同的文化特色，产生一种广告效应，吸引更多的教育资源，积蓄更多的发展潜力，就是校长们大作特作的文章。以北京市实验二小为例，2003 年 11 月，我们第一期校长培训班也曾聆听过李烈校长的办学理念。那时实验二小给我们留下的印象是“以爱育爱，双主体育人”，学校的各个领导都在宣讲和介绍这种独特的办学理念。时隔六年，我们再次参观实验二小，发现该校的办学理念得到了很大的丰富和发展，从“以爱育爱，双主体育人”派生出的九种文化（校园文化、课程文化、制度文化、组织文化等），非常符合教育潮流。再如我们所挂职的灯市口小学，王岚校长介绍说，该校目前践行的校训“智知力行，合作创新”就是将原来学校校训的历史传承和现在的教育理念做了一个结合，即把新旧两所学校的文化做到了一起：“智知力行”是原来礼士胡同小学的校训，“合作创新”是经过讨论后加上去的。光明小学的“我能行”成为闻名全国的教育理念，崇文小学的“以情移情”也成了每一位教职工的座右铭，中关村一小的让学生“学会说话、学会走路、学会冲厕”也很有特色，灯市口小学结合自身实际，形成了“校园漂亮、做事透亮、心境敞亮”的文化氛围，别具一格。

由此看来，北京市的每一位小学名校校长都在不断挖掘学校的历史内涵，补充新的文化元素，打造自己的校园文化品牌。这不仅说明了北京的小学校长们有着深深的教育思考，还有着不断创新的工作思路。说到底，学校是社会竞争的一个舞台，学校品牌的竞争，就是创建一种与众不同但又合乎教育规律的学校文化的竞争。而校长，正是学校文化竞争中的一个首席策划师，他们用不同的文字诠释了同一种教育理念。

创建名校品牌的基础仍然是教学质量。我们经常听到名牌校长的先进教育理念和教育策略，最终都要用教师队伍建设的成绩和学科教学成绩或升学率来佐证。从现实情况看，社会和家长看重的还是停留在学校教师队伍水平、教学成绩这个层面上，而社会竞争的严酷现实决定了家长和学生的选择，务实不务虚，想方设法把孩子送进教学质量高的学校才是家长的选择。而北京的这些学校也在经受着社会和家长的考验，既要有先进的办学理念和品牌做广告，又要有扎实的教学质量来当招牌。当家长们趋之若鹜的时候，学校就被社会推到了名校的位置上。这次培训和参观，使我了解到北京市中小学对教学质量有相当高的重视。据"呼家楼"组的学员们讲，他们参加了东城区的一次教学质量分析会。在会上，区教委的教研员和各学校的业务领导，对各校的试卷逐题分析得分率、失分率，对教学情况有一个明确的诊断，而且对区内学校的教学成绩还有一个大排名。这些对于正在规范办学行为的山东省来讲，都是一些违规的行为。灯市口的王岚校长介绍说，像他们这样的名校，平均分要高于其他学校 2 分才属正常，否则就要在年度考核评价中予以扣分。

为此，各学校在抓提高教学质量上倾注了相当多的精力。一是加强教师队伍建设，不断提高教师业务素质。礼士胡同小学被灯市口小学合并后，学校对原留任教师进行了严格的教学业务培训，学课标，学教材，研究教法，从教学干部到一线教师，无不经受了一次业务洗礼，为提高教学质量奠定了坚实的基础。二是采取"末班监督"制度，对考试成绩后两名的班级，主任、组长要进行教学成规的全面督促，提出整改建议，落实整改措施。在"呼家楼"组学员提供的资料中，我们可以看到《教师教学指导手册》《知识框架体系》等关乎教学的材料，也了解到学校要组织小考（单元测试、单项测试），区教委要组织大考（期中考试和期末考试）和抽考（三、五、八年级）。其实这些行为我们山东省原来都实行过，而且有过之而无不及，但是现在都淡化了。究其原因，我认为有三个：一个是学校的立足之本是教学质量，任何学校抓教学质量都没有错，而且永远没有错。二是北京市的中小学抓教学质量讲究方法，比较注意“减负提质”。北京市的中小学生课业负担比较轻，不像我们山东省，许多学校不重视向教师队伍要质量，而注重用延长学生学习时间、增加作业量来提高成绩。三是北京市的中小学生存竞争激烈，特别是中心城区撤并学校给各个学校带来了生存压力，如果不用成绩说话，很有可能生存就成了问题。用成绩说话也合乎家长的需求和社会舆论导向，因为生活是向来讲求实际效率的。

三、提高教师工作积极性

一个学校的组成无外乎就是教师和学生，除了如何把学生培养成才这一教育主要任务外，我认为最重要的应该就是如何提高教师工作的积极性。因为教师是学校教育力量中最为活跃的因素，学校的教育目标和一切教学活动都要通过教师才能得以实现和完成。教师是办学的主体，办好学校，搞好教学，提高质量，要靠教师；稳定质量，扩大影响，增强学校的办学效益，更要靠教师。

要提高教师的积极性，必须得了解教师们的需要。美国心理学家马斯洛有一项非常著名的“基本需要层次理论”，其分五个需要层次，即生理的需要、安全的需要、情感和归属的需要、尊重的需要和自我实现的需要。根据此理论，学校可一方面增加对教师的关心程度，尽量满足职工的基本需要；另一方面，通过教育、启发引导教师的思想和行为，加速更高层次需要的形成，以此来激发教师的工作热忱，全身心投入到教书育人工作中。站在学校管理的角度，应该从以下几点用力。

第一，深入一线，体察师情，努力创设一个民主、关爱、团结的氛围，让教师能够感到有一种家的温馨。在日常工作中，经常与老师们谈心、交流，了解老师们的一些需求，若有困难尽可能地帮助解决。这样不仅能随时了解到学校的一些实际情况，而且这种亲民行为还能提高校长在教师心中的位置，从而增强学校的凝聚力。

第二，分析校情，摆出困难，让教师们有一种深刻的危机感。现阶段的学校，是一个什么状况，有什么困难；如果做好了，学校会有一个怎样的光明前景，如果做不好，学校会陷入怎样的困境等；需要老师们做什么、怎么做，都要和老师们讲清楚。当老师们感觉到危机来临、与自身的利益密切相关时，一定会拿出十足的劲头去干工作。

第三，完善制度，科学管理，努力提高教师们的责任感和成就感。在这里，有很多要素需要关注，需要做细做实。

首先，制度应宽严相济。制度一般可分两类：一类是规范性的，如考勤制度、师德要求等。这类可只要求底线，以粗线条为主。如果教师的思想境界不高，再多、再细的制度都有漏洞。假如那么多的人都把心思用在寻找制度的漏洞上，这种制度还有什么意义呢？因此这类制度不宜过细。另一类是操作性的，我们称之为工作流程，它是经验的结晶，能指导大家如何把工作做得更好，更有效率。这类制度要细，而且要在实践中不断改进、完善。我见过很多学校，缺乏细致的工作过程管理，每遇一件事，就兴师动众，今年这样做，到明年又是一番大动干戈，浪费了人力、物力，浪费了教师的宝贵时间，而做事的水平还在原地打转。我们知道，每项工作都没有十全十美，做过去就会发现，总有一个或几个关键环节有些许的遗憾和漏洞。如果能寻求到解决它最有效的方式，就用流程固定下来，这是比较科学、高效的管理。学校的各项工作，如每次的考试安排、每年的校运动会等，都应有详细的标准和流程，这样工作起来就有据可依，不至于哪边漏了哪边堵，避免忙中出错。宽严相济的学校管理制度，会使教师们得到尊重，体验严谨，也是学校能够不断发展的基础。

其次，承认人才的多样化，充分发挥每位教师的长处，提升他们的成就感。每一个人都有自己的长处和短处，同样，教师们也有自己的特长和短板。管理者应能够容忍短板，且积极引导其发挥特长，充分挖掘各类骨干力量。如有的教师具有外在形象、普通话、语言表达等方面的优势，可以鼓励他在做好常规工作的基础上，积极寻求公开展示自己价值的机会；有的教师有自发的科研意识，可以引导他主持相应的专题、课题研究，助力学校的科研成效；等等。我们都应鼓励其充分发挥长处。我觉得，一个教师的长处得到鼓励，发挥出来又得到鼓励，他就一定会产生愉悦的体验，这就是管理的成功和教师个人的成功。只有感受到成功的教师，才能培养出高素质的学生，而学生的出类拔萃，才能使学校的声誉蒸蒸日上。

第四，加强精神奖励，充分认识活动的特殊激励价值。所谓的精神奖励，就是给教师们多戴“高帽”。高一级的荣誉名额有限，校级荣誉学校说了就算数。我提出了“逢节就表彰”的思路，“五一”劳动节、教师节、元旦表彰的对象是全体教职工，“五四”青年节单独表彰青年教师，“六一”儿童节表彰班主任，少先队建队日表彰辅导员……学校付出的成本仅仅是几张证书，换来的是教师们洋溢着成就感的笑脸。活动主要包括学习活动、娱乐活动等。学习活动（包括脱产与不脱产进修等）能直接丰富教师的知识，提高各方面修养的途径，更是广大教师迫切要求的活动形式。文体类活动也有较强的充实生活、愉悦精神、强健体魄的作用。在这类活动中，人们往往不甘落后，努力扮演自己的角色。这种由特定活动培植的不甘落后的心态如果与理性的思考联系，就可成为持久的激励人们工作、学习的力量。交往活动是人们形成一定人际关系的重要途径，学校管理者只要工于设计，精心安排各种活动，各个环节就会充满激励的气氛，使之放射出温暖的光芒。比如我们一贯例行的拓展训练、共读一本书活动、会餐（每人提供一份拿手饭菜，集中分享）、教职工运动会、组团参训等，都是深受教师欢迎和踊跃参与的活动。

第五，也是最重要的，如何让教师能够拥有较持久的工作积极性，尽量避免出现所谓的职业倦怠情况，主要的途径就是努力帮助教师提升自我价值，感受职业的愉悦。

首先，要培养教师的领导力。心理学研究表明，人虽然一般都是处于被人领导的状态，但大都有当领导的心理需求。一个人一旦有了主人翁的意识，他的态度就会积极许多，潜能就会被激发出来。教师的领导，不仅是对学生的领导，更重要的是对某个任务或项目的领导。换而言之，谁负责了一项工作，他实际上就是那项工作的校长。

其次，要让教师不断地与名家对话，在与名家对话的过程中，产生成为名家的愿望。拿破仑说过，不想当元帅的士兵不是一个好士兵。同样，一个不想成为名师的教师，很难说是一个优秀的教师。一方面，学校应邀请各界名人、专家来校与教师对话；另一方面就是读书，教师在书中与名家交流，提升自身的修养。每年给教师发几百元的购书卡作为一种别样的福利，让教师自由支配（不规定购书目录）。通过调查得知，若不能自由支配，恐会影响教师的积极性，这样就达不到我们本来的目的。

最后，积极引导教师投身到教育工作开发和教育教学研究中来，通过教育教学的开发和研究，保证教师精神的持续充盈与愉悦。苏霍姆林斯基说："如果你想使教育工作给教师带来欢乐，那就请你把每个教师引上进行研究的幸福之路吧。"心理学表明，在研究中，研究者虽然会遇到困难，而正是在克服一个又一个困难的过程中，他们才享受到了研究能得到提升的快乐。

四、苹果老师和她的苹果树

（一）先说苹果老师

在晨阳学校，学生们有一个 Apple（苹果）老师，高高的个子，苗条的身材，总是一副腼腆和善的表情。她的亲密朋友也都喊她 Apple，而其他人都很郑重地叫她“吴苹老师”。Apple 被喊习惯了，学生回到家里和家长说，他们有一个很好的女老师，结果有的家长就误称她为“艾老师”。

当有的同事问起吴苹为什么要起这么一个有趣的名字时，吴苹解释说，一般的英语老师都喜欢自己有一外国名字，比如安娜、露丝之类，但是她觉得老师的代名应该让孩子们感到有兴趣有亲切感，自己的名字中有“苹”字，何不就叫苹果？苹果是人见人爱的水果，于是晨阳学校就有了 Apple 老师。

Apple 老师的名字可是大有用处，特别是在沟通师生关系方面。每当和新同学见面，Apple 老师总是在黑板上画一个栩栩如生的大苹果，告诉孩子们这就是站在他们面前的英语老师。孩子们哈哈大笑，一下子就记住了她，仿佛英语老师真的如苹果般可爱。

一个孩子告诉 Apple 老师昨晚上做了一个梦，梦见自己把 Apple 老师吃了，咬了大大的一口。Apple 老师听了很高兴，因为学生和她相处得其乐融融，毫无隔阂，回想起来觉得这个名字起得真是好。

（二）再说苹果树

Apple 老师在晨阳学校已经把一年级（1）班带成了三年级（1）班。这个班有接近 50 名学生。当你走进这个班级的时候，窗明几净，各类物品摆放整齐有序，几盆花草点缀在窗台上，显得朴素之中含着雅致和生机。储物间的门框上有激励学生刻苦学习的对联，前后墙壁上贴着教育学生的班训，一切都使人感到这是个管理规范的集体。凡是给这个班上课的老师都觉得这些学生学习习惯好，精神面貌好。Apple 老师说，这是我栽培的一棵枝繁叶茂的苹果树，绿绿的，上面结满了苹果，谁都会喜欢的。

Apple 永远也不会忘记 2006 年 9 月 1 日，那是晨阳学校开学的第一天。她申请成为一名班主任的愿望实现了，担任了一年级（1）班的班主任。教育电视台的记者采访她时，竟然烦劳人家录了三次，因为第一次和第二次由于太激动而语无伦次。尽管记者说可以了，到时候会剪辑。她还是坚持说，再让我说一次吧，我会说得很好，结果真的挺不错。

有了自己的一方田地，Apple 就栽下了一棵苹果树的幼苗。她领着孩子们第一次踏进教室，便和孩子们进行了一次谈话：欢迎大家来到晨阳学校这个新家，我们的家漂亮吗？一年级（1）班就是我们的小家。数一数，我们兄弟姐妹有多少人？兄弟姐妹做一下自我介绍好不好？Apple 先做，好吗？于是在黑板上画了一个大大的苹果——这就是我！在一片欢声笑语中，这个家的大大小小的故事就开始一幕幕上演了！而一家人的情感也在班级里蔓延开来。

Apple 说她很珍惜当班主任的机会，一有时间便像老母鸡一样孵在这个家里。每天早上到校的第一件事是走进教室指导学生做好几件事，如开窗通风，把书包挂在挂钩上，拿出要交的作业，语文、数学、英语，分学科从上到下排好，放在靠过道的桌子角上，文具盒要放在桌子抽洞中，一块橡皮放在桌面圆圈内，一支铅笔放在桌面横沟内，接着开始晨读。在课堂上，从坐姿、站姿、举手、排队，如何听、如何写、如何读、如何说等细小的事情一一教起，包括上课喊起立，下课和老师说再见时的动作、表情、声音等。每每下课后，如果不是她的课，她也会赶到教室提醒孩子们做好下一课的准备工作，直至上课预备铃声响，还站在门口指导孩子们如何安静地等待老师来上课。这样的努力最终使孩子们渐渐地知道了每天什么时候该做什么事，也知道了该怎样去做。

在同学们的心目中，这位 Apple 老师太伟大了。刚见到她时，她就可以喊出每一位同学的名字；在课上，每一个想走神儿溜号的调皮鬼都逃不过她的眼睛；她还会讲很多很多的故事，而故事里的人物又和班级里的同学那么相像；她抚摸你的头的时候，你就会觉得她像妈妈；她在注视着你的时候，也像妈妈；她会让每一个同学都有职位，如门长、窗长、花长、1 台长、2 台长、板长、排长、廊长等；她也会让孩子们进行二分钟比赛：二分钟朗读、二分钟脑筋急转弯、二分钟背诵、二分钟观察、二分钟立正等。和 Apple 老师在一起，一切都变得那么有趣，一切都变得那么活泼，大家都欣欣然。

（三）苹果老师其实是园丁

Apple 老师说，我把我们班级比喻成一棵苹果树，自然要悉心呵护。让孩子养成好的习惯，就是给这棵树修枝打杈；批评教育学生，就是在打药灭虫，让果子长得更好；我不断地创新活动，发动所有的任课老师都来关心这个班级，就是给这棵树培土施肥。我要通过努力让这棵树枝叶繁茂、生机勃勃，最终我成长为一个大苹果，孩子们就是一个个小苹果。而这些苹果，有的红，有的黄，有的甜，有的酸，各不相同，每个孩子都有自己的发展。

听了这番话，谁都会说这是多好的“苹果树”理念啊！如果不是深深地爱着这些孩子，吴苹哪里会有这么深度的思考。

班里中途转来的张泽楷，二年级的学生了，上课经常趴在桌子上，还动不动就在地上爬来爬去。下课了，甚至在地上打滚，大家都嬉笑他是幼儿园的娃娃。Apple 通过对孩子的观察，知道他心理年龄比较小，非常单纯。通过家访又得知，他目前和爸爸住在单位的平房宿舍内，在那里也一直是又爬又滚。爸爸说只要孩子听话，不影响他工作就行，却没有意识到这已经不该是一名二年级学生的行为。Apple 用了一个月的时间，做张泽楷的大姐姐，上课密切注意他，提醒他，下课也是和他形影不离，使他没有爬的时间，而是和同学们做有意义的活动。放学后呢，再和他爸爸说明，要做到家校一致，帮孩子养成好习惯。一个月后，他的“趴”和“爬”不见了，而且与 Apple 成了好朋友，学习成绩也有了很大的提高，赢得了同学们的热烈掌声。连其他上课的老师都说他进步了，长大了。

伍小虎同学家境不好，住在八分厂的一座平房内，来回上学需要步行四个路口。Apple 老师很不放心，一连几次都亲自送小虎回家，并做家长的工作，希望他们能抽出一个人负责接送孩子。虽然只是让他爸爸在第二个路口接应孩子一下，但小虎的安全也算有了一定的保障。有时候，小虎会和 Apple 说，今天没人来接他（这是和小虎的约定，如果没人来接，一定告诉 Apple），Apple 便和小虎一起吃饭，再一起回家。Apple 说：“现在的小虎太乖了，真希望看到小老虎发威的样子！”

这个周五是岳秋雨的生日，岳秋雨这一周都很高兴，盼望着星期五早点到来。可是 Apple 一直很矛盾，因为周五也是自己妈妈的生日，妈妈远在滨州无棣，一定也盼望着女儿的祝福。Apple 已经几个月没回家了，很想念妈妈，很想在妈妈面前撒娇。等到周三新情况又出现了，班里的语文老师身体不舒服请了假。Apple 心里充满了矛盾：语文老师不在，我这个班主任若再不在，谁管孩子们呀？最终的结果是“大苹果”和“小苹果”陪着岳秋雨同学一起过了一个快乐的生日。当岳秋雨这个小“寿星”开怀大笑的时候，Apple 也笑了，但是眼角的一抹泪水却是没有人能明白的。面对孩子们的疑问，Apple 说那是幸福的泪水，却有谁明白这一天 Apple 也想妈妈?!

去年春天，Apple 老师的爱人因病住进了医院。她爱人得了肿瘤病，Apple 老师哭了，刚步入新婚的她陷进了深深的痛苦之中。可是“不把坏情绪带进学校，带进课堂”是她一直遵循的原则，她奔波于医院与学校之间，调整情绪，使每一节课都不让孩子看到那张憔悴无助的脸。Apple 还是以前的 Apple，一脸的灿烂笑容！或许是为了让她明白身体健康是多么重要这一道理，老天不惜用他们的生命去实践。秋天的时候，爱人健康出院了。走在绿树成荫的人行道上，Apple 老师和爱人说：“我要努力做一名称职的、幸福的老师，带领孩子们锻炼身体，拥有健康的身体！”从那以后，每天的体育大课间，Apple 老师和她的小苹果们在操场上跑操，锻炼身体，那响亮的口号喊出了 Apple 的心声：“尽最大努力，做最好三一，Come on，come on，Hurry！”

其间多辛苦，唯有自己知。因为爱，所以有激情，因为有激情，所以有思考，因为有思考，所以有大爱，因为有大爱，所以才发生着数不清的故事。在同事们的眼里，吴苹老师是一个上满发条的钟表指针，有用不完的劲儿；在孩子们眼里，她是个操心的妈妈，也是个知心的大姐姐，闹的变顺了，脏的变净了，差的变好了，好的变得更好了。尽管参差不齐，但小苹果们在园丁的呵护下稳稳地挂在了枝头。

（四）大苹果和小苹果

Apple 目前是晨阳学校的英语学科组长。大家都很喜欢这个 Apple 老师，她以她的谦逊和好学博得了同事们的认可。她说，在一个单位里，要做到不怕苦，不怕累，脏活累活抢着干。备课、讲课多下功夫。多看别的老师是怎么处理各种教育事件的，怎么与孩子交谈，与家长交往，怎么处理日常的各项工作。多听课，学习别人的长处，多听别人的看法。做了，看了，听了，要多思考，多反思，想一想如何更好地为我所用。一个人的时间是有限的，前面用得多了，说得就少了，但是少说并不是不说，该出口时才出口，说就说到点子上，说出自己独到的见地。这简单的“多做、多看、多听、多思、少说”十字秘诀有着丰富的内涵。她在认认真真地揣摩，切切实实地行动。

一个学期下来，这位 Apple 老师能听 30 多节课。不仅听英语课，还听语文课、数学课。每听一节课，她都有自己独到的收获。她每次听课时，一边听老师上课，一边不断地思索如果是我将会怎么设计，他这样设计的出发点是什么，甚至对讲课过程中的某个表情都会琢磨，如果是我我会怎么样……对 Apple 来说，听课是一种积极的思考，思考的背后，必定会有收获在等着她。

Apple很喜欢阅读，每学期能读20余本书，内容包罗万象，教育方面居多。动心之处她便常抄抄记记，所感所悟也每每流于笔端，每周必写4000字以上的读书笔记。为此，她获得了晨阳学校“读书先进个人”的荣誉称号。广泛而持久的阅读，极大地丰富了Apple的精神世界，提高了她的教学水平。她很有前瞻性的眼光，知道资源的意义在于“万物皆有备于我”，教学伊始就建立了自己的资源库。打开Apple老师的资源库，你会看到班级管理方面的班会设计、工作总结与计划，教学方面的教学设计、课堂实录、教学论文、教学理论、朗读、图片、动画、歌曲等。

这个对工作充满了激情的“大苹果”在晨阳学校慢慢地孕育了自己的班级管理和教学工作风格。两年来，Apple老师先后被评为学校优秀教师、东营市教坛新秀；两次应邀外出讲学，还获得过市优质课二等奖；2008年市教育电视台专门为她拍摄了教师典型宣传片。

Apple老师这个“大苹果”逐渐成熟了，而那些挂在枝头的“小苹果”更是人见人爱。丁奎蔺的乒乓球水平大有长进；韩新宇的口令越来越响亮了；“小老虎”的英语学习成绩发生了很大变化，连他妈妈都为他高兴；王汇川参加素质教育成果展示比赛，获得省级复赛一等奖、决赛亚军的好成绩；张志伟在学校田径运动会上连续拿到了400米、800米和掷沙包的第一名，多么令人欣喜啊！再讲一个广播操比赛的故事，看看朱奕宁和张栩铭的表现吧。

广播操比赛前，朱奕宁的步伐不协调，影响了队伍的整齐度。当Apple早上到校的时候，发现朱奕宁竟然自己一个人在悄悄地练习，Apple紧紧地把他抱在怀里。朱奕宁小嘴巴贴在老师的耳边说：“Apple，明天就要比赛了，你不用太紧张，看，我们不都在尽最大努力吗？这是最重要的，也是你告诉我们的。”小孩子说出了大人话，Apple老师听得是心潮澎湃。比赛就要开始了，身体状况不好的张栩铭本来是不参赛的，但他怯生生地来了，走到Apple面前说：“Apple，我没有和你说，也穿上了红上衣、黑裤子、红白相间的球鞋（比赛服装），行吗?”Apple高兴地说：“可以，当然可以。我们是一家人嘛！”张栩铭快步走入班级队伍中，与大家握手鼓劲。比赛结束了，Apple老师的班级得了第一名，大家欢呼雀跃，拥抱在一起，享受着成功的快乐。

多好的孩子们啊！在这棵苹果树上，累累果实沐浴着教育的阳光，“大苹果”和“小苹果”汲取着成长的营养。学年要结束的时候，每一个孩子都会从

Apple 老师手中接过一张奖状，不管是在学习、纪律、卫生、体育或者任何一个需要发展的方面，该鼓励的一定会得到鼓励，成长的动力源泉就在这里。“小苹果”们长在这棵大树上，是怎样的幸福啊！春华秋实，我们期盼着这棵苹果树永远地茁壮成长！

五、张秀芬老师小记

张秀芬的人如同她的名字一样让人感到一种稚气与俏丽。人到中年，可她和年轻人一样时尚，多年的职业习惯使她把自己收拾得干干净净，走在人群中显得那么鲜亮。三十多年的教育生涯，把她锻造成山东省“巾帼建功”先进个人、山东省“先进女教职工工作者”、山东省“小学语文教育教研工作积极分子”、北师大课程研究中心“课程改革优秀教师”、东营市“巾帼建功”先进个人、东营市“优秀共产党员”、东营市“优秀妇女干部”、东营市“优秀教育工会工作者”，入选东营市教育系统“百名科研骨干培训工程”。

（一）植根教学育新人

张秀芬在小学课堂上耕耘了32年，这32年简单而平凡。32年的教学生涯，人生中最辉煌的时代，张秀芬把自己的青春和汗水都奉献给了教育事业。32年，一个足以产生两代人的时间段，张秀芬作为一名小学教师，已教过数千名学生，老的学生早已为人父、为人母，成为事业的中坚力量，小的刚刚脱离稚气，正在课堂上听说读写，真可谓是桃李满天下了。

这数千名学生，在张老师教过他们的日子里，似乎每个人都有这样的经历和感受：春天，满园姹紫嫣红，这时张老师该领着他们春游踏青了，要不就是又领着同学们带上自制风筝，到空旷地上放飞去了；炎炎夏日，绿树荫浓，张老师又在洒扫教室，丝丝凉意沁入同学们的心脾，读书声和着蝉鸣，那是一曲多么美妙的乐章啊；冬天，皑皑白雪地上张老师在和同学们堆雪人、打雪仗，那欢笑声响彻云霄……所以，每每谈起张老师学生们都会涌出浓浓的恋意。

1981年，张秀芬刚刚参加工作，和许多后来成功的名师一样，受命于“危难之间”，被领导安排去做一个后进班级的班主任和语文老师。张老师担任班主任没几天，这个班的小脏脸没有了，纸屑、果皮不见了，班级面貌焕然一新，同事们和领导顿时觉得这个初出茅庐的小张老师还真有两下子。这个被称为“英雄班”的副班长对张老师的印象最深，他曾经把刚刚任教的张老师画在黑板上，引得同学们哄堂大笑，以致没法上课。他没想到的是张老师表扬他“画得不错嘛！”更没想到的是张老师的促膝谈心竟谈出了他的一些优点，最终还当上了张老师的小助手——副班长。真是爱心所至，金石为开呀！“英雄班”的副班长现在已成为一名像张老师一样的人民教师。

张秀芬教过的学生刘广庆曾经在毕业前夕给她的信中说：“光阴似箭，和您一年的学习生活就要结束了，我还真有点舍不得。就说昨天吧，天气热得很，我们毕业考试快要结束时，尹老师搬来了一箱冰糕，我以为这冰糕是给监场老师的，没想到是您花钱买给我们吃的，这对于在炎热天气里考试的我们来说，真可谓是久旱逢甘霖呀……”

张秀芬担任语文教师和班主任期间，自己掏腰包给学生买东西何止一次啊，她为雨天不能回家的学生买过饭，也为家境困难的学生缴过书本费，每学期拿出100多元为有进步的学生买奖品。学校开展“读书活动”，张老师看到学生读书的热情高涨，为鼓励那些爱读书的孩子，培养他们良好的阅读习惯，又一次拿出400多元钱，为14名“班级小书虫”每人买了一本他们自己喜欢的书作为奖励。当精致的书籍拿在手里，孩子们脸都笑成了花儿。有不少学生因读书喜欢上了写作，张秀芬指导的学生作文有10多篇在市级以上刊物发表。

当别人问起张秀芬的班级管理经验时，她说：“这里面没有什么奥妙，我怀着一颗平凡的心，和学生做朋友。当你的关爱打动了孩子们的时候，教育的效果就会显现出来。关爱孩子先从生活关心做起，从习惯上培养，恩威并重，你说凭着一个成人的心智，把孩子们调教好还不容易吗！”话虽这么说，班级管理和学生教育对有一些人来说还真不容易。二十几年的爱心教育使张老师名声渐起。她在市妇联组织的全市家庭教育座谈会上做了“当好孩子的第一任教师”的讲座后，讲稿发表在《东营日报》上；也曾应邀在市电视台做过“培养孩子的自立能力”的专题报告。

张秀芬曾经给我们讲过一个很有趣的故事。有一次她和几个班委成员去看望一个生病在家的学生，看到这个慈母般的老师对生病的同学嘘寒问暖，关爱有加，一个班委不无嫉妒地说：“张老师，我什么时候才能生病啊？”在场的人都笑了起来。

（二）执着科研结硕果

和对学生慈母般的爱心并行的还有张秀芬在教学教研工作的上进心。张秀芬说："教孩子们'立身做人'很重要，教给孩子们学习的能力同等重要。"她从老教师身上学经验，从教育教学刊物上找信息，从教学实践中摸索规律。看到她的勤奋与执着，学校领导认定这是棵有培养前途的苗子，不出几年就代表学校参加比赛，获得了东营市青年教师基本功比赛二等奖、市优质课一等奖，时隔两年又获得市"教学能手"称号。

张秀芬在县区学校工作时，是一位出类拔萃的青年骨干教师；当她日积月累，奋战在实验学校（原实验小学）时，成了语文学科的排头兵、领头雁，一当就是十年的教研组长。曾经有多少年轻的老师在她的悉心呵护下成长，和老师们备课、听课、评课的过程，没有一针见血的尖刻，更没有虚声假气的客套，真诚而中肯，这也许是和学生们长时间在一起练就的一种平凡，但又充满爱意的心态。

由于张秀芬的突出表现，她光荣地入选了"东营百名科研骨干培训工程"。1999 年、2010 年连续两次被确认为"市教学能手"。2010 年被北师大课程研究中心评为"课程改革优秀教师"。2011 年被市教育局、市语委办授予"东营市语言文字先进工作者"。

（三）领航教坛带新秀

由于业绩突出，张秀芬自 2004 年开始了学校教学管理工作。在新的岗位上，已有 20 多年教龄的张秀芬，每天如一支满弓发出的箭，强劲未消，丝毫没有歇息的迹象，依旧在教坛上艳丽如花，在同事和孩子们中间散发着爱的芬芳。她不仅做好教学管理工作，而且始终坚持亲自带徒，她的徒弟王霞、于丽霞、王金枝、田青、王娟、曹丽红先后获得"省教学能手"称号，已有多名教师在学校级部、教研组中担任基层管理任务，并取得优异成绩，得到学校领导和广大教师的认可。在她所管理的教师队伍中，有 26 名教师获"市教学能手"称号，有 10 余名教师获省优质课比赛一等奖，有 30 多名教师获市级优质课比赛一等奖，近 20 名青年教师被确认为市"青年骨干教师重点培养对象"。

在做好教学管理工作的同时，张秀芬老师还高度关注一线教师的身心健康，以营造和谐愉快的学习工作氛围为目标，努力使人性化管理覆盖校园的每一个角落，使人文关怀润泽学校的每一位教师。她多次带领学校教师参加各级各类乒乓球比赛，均取得好成绩。2007 年，她和其他队员参加了市直教育系统乒乓球比赛，获女子团体第二名和个人单打第一名的好成绩。同年 6 月，她在全市职工乒乓球比赛中获女子团体第二名和个人单打第三名。在 2011 年教育系统乒乓球比赛中，她获女子团体第二名和个人单打第一名的好成绩。在市教育工会举行的市直庆“三八”活动中，她带领的团队先后获得过跳绳、拔河、飞镖、跳棋等比赛团体第一名的好成绩。在赛场上，张秀芬球风不张扬，但扎实有力，所以很多年轻的选手都在悄悄地学习她，模仿她。

（四）百花齐放满园春

张秀芬在管理岗位上，为老师创造了多种平台，以促进青年教师迅速成长。通过“课堂观察”“芦苇沙龙”“全员赛课”“师徒结对”“黄河口之秋”等校本培训活动，在学校掀起了浓厚的教学科研氛围，同时还通过“走出去，请进来”等形式让老师们近距离接触全国名师，得到更高层次的学习提升，不断涌现出一批省市级教学生手、学科带头人、青年骨干教师，使实验学校教师队伍形成梯队化建设。“一枝独秀不是春，百花齐放春满园”，至今为止，实验学校已培养出齐鲁名师 2 人，特级教师 2 人，东营名师 2 人，省教学能手 11 人，市教学能手 26 人，东营市青年重点培养对象 15 人。有 10 余名教师获省优质课比赛一等奖，有 30 多名教师获市级优质课比赛一等奖。学校教科研工作出现蒸蒸日上、百花齐放的令人欣喜的局面。

张秀芬这个在教育战线上工作了 32 年的老兵，依然在不停地耕耘，依旧显得年轻而有活力。她知道，成绩只能说明过去，她的人生路还很长，她的事业之路更长。年轻人需要指导和培养，学生们在等待着她的哺育，而她怀着一颗平凡之心，欣然面对着未来的一切。

六、一名教师的草根传奇

张兴芳，东营市晨阳学校教务处主任、数学教师，2005 年加入中国民主促进会。张老师已在教坛耕耘 20 余载，从年轻小伙儿变成了中年大叔，唯一不变的身份是数学教师。正是这唯一不变的身份，演绎出了一名基层学校的普通教师的草根传奇。

（一）传奇之一：从教坛新秀到中年才俊

1994 年，张兴芳从东营师范普师班毕业，进入了东营师范对门的东营市实验小学当了一名普通的数学教师。虽然是一街之隔，从学生到教师，对他而言是凤凰涅槃般的重生，因为他所敬重、崇拜的初中班主任的教育情结将在他的身上得以传承。一个勤奋而执着的小学教师忙碌在了实验小学的校园里、教室里。很快，学生、家长和同事们渐渐地看到了一个初出茅庐的教坛新秀。学生说，张老师真厉害，讲课不啰唆，还很有趣，我们上课不走神儿，张老师布置的作业我们愿意做。家长们说，张老师真敬业，他好像是钻到铁扇公主肚子里的孙悟空，俺孩子想啥做啥他都了解，张老师常来家长们平时不敢奢望的家访，说话和风细雨，句句在理，把孩子放到他的班里真放心，俺和张老师简直就是朋友。同事们说，这个张老师，真不可小觑，教材和知识编排体系了然于心，教学方法灵活多样，居高临下，进退自如，我这多年的老教师也自叹不如。

于是，刚刚工作5年的张兴芳在1999年就参加了山东省优质课大赛，而且荣获一等奖；工作第6年，参加人民教育出版社组织的《小学数学第五册教案》的编写工作；工作第8年，参加山东省小学数学骨干教师培训，代表骨干教师为青岛市全省第三批骨干教师上公开课；工作第10年，成了东营市教学能手。他还连续3年在“黄河口之秋”课堂教学观摩会上讲公开课。他参加东西部教育帮扶活动，把课讲到云南，《东营日报》为此做了报道。后来，张兴芳陆续参编义务教育青岛版小学数学教材，在《山东教育》《现代教育导报》《东营教育研究》上发表多篇教学论文，被聘为东营市教学教研评选工作专家库成员。2016年又被推荐为山东省教科院小学数学教育教学评审专家。

在东营教育界，流传着关于张兴芳的教学传奇。张老师只要看到试卷，就能判断出他所教的班级学生的平均分，而且知道某某同学会在哪个知识点上得分或失分，结果验证八九不离十。张老师某次外出讲课，事先因忙于公务并未做准备，他巧妙借助学校的教学资源，现场临时设计教学，效果出奇地好。一向挑剔的业务领导说，我是笑眯眯地听完了小张老师的课。张兴芳连续11年送毕业班，至今那些学生和张老师还保持着密切联系。张老师从小学把他们送走，还关注着他们上中学、读大学、就业，甚至结婚生子，师生之间是一种不能用朋友、父子来准确表述的和谐关系。而这一切，非一般老师所能做到。

（二）传奇之二：从教学到德育

张兴芳一直是数学教师，中间也做过10年班主任工作，做学生管理工作很有一套。他兼做教务主任后，关于学生管理和德育的工作就不属于他了。可是，教书育人的使命、出色的沟通协调能力使德育工作不知不觉就会又转移到他的身上，而他并不推辞。有时你会见到他一天忙碌成这样：早上，在教室里批改作业；上午9点30分之前，一定是在上课；10点以后，去巡班、听课，那是履行教务主任的职责；中午会出现在校门口，看护学生放学，那可能是值班带班；等到了下午，组织业务会议、备课、找学生谈心；傍晚来不及回家，又联系学生家长准备晚上的家访，或者是在处理学生纠纷之类的“属于德育范围”的杂事儿。我们再来看看他的“分外之事”还有哪些吧。每年妇女节，张老师都要求孩子们为自己的妈妈送上一句温馨的祝福，亲手为妈妈制作一份小礼物，并为妈妈提供一次服务的活动。为了给孩子们提供实践的机会，张老师主动出面与社会上的有关单位联系，先后组织队员开展了当一次交通警察、当一次消防队员、当一次售货员、当一次环卫工人、模拟法庭等系列活动。每学期组织一次全校性的大型家长会，以班级为单位每学期至少组织召开一次班级家长委员会，与家长沟通孩子在家在校的表现，清除教育死角，形成家校教育合力，促进孩子健康发展。至于帮助协调处理学生、师生、家校之间的一些特殊关系，甚至一些纠纷，那就不细说了。

鉴于张兴芳的教书不忘育人的突出成绩，2012年，他被评为“山东省德育先进工作者”。实际上，一个省级的先进称号，岂能完全概括张老师对学生、对家长、对学校、对教育的一片拳拳之心啊！

（三）传奇之三：从小学教师到民进会员

民进，是以从事教育、文化、出版工作的高、中级知识分子为主组成的具有政治联盟性质的政党。张兴芳身为高级教师，也算是中级知识分子的一员，以自己的思想和业务水平，赢得了作为一名教师应该得到的尊重，也赢得了东营民进领导的信任。他自从2005年加入民进后，在领导的关怀领导下，认真履行参政议政、民主监督的职责，呼吁提倡尊师重教，维护人民教师的合法权益。他说，当我站在讲台上，我没有忘记我是一名中国民主促进会的成员；当我参加东营市民进活动的时候，我没有忘记自己是一名教师。

作为东城一支部委员，张兴芳积极协助支部主委组织支部活动。近几年他先后到利津县、东营区和广饶县等基层学校送课，与授课学校老师共同讲课，共同探讨如何提高课堂教学效率，如何关注每一个孩子的成长。张兴芳说，表面看是我给别人示范讲课，实际上我也是受益者。通过到基层学校上课，老师们扎根农村、立足基层的奉献精神也教育了我。2015年11月，他参与组织了东营民进第二期教育专场沙龙——东营小班化教学模式研讨会，作为主讲老师，与教育专家和教学一线老师一起，从不同角度诠释了小班化教学的新理念、新思想，为所有与会者上了生动的一课。张兴芳教学工作很繁忙，却又是民进活动中最活跃的分子之一。他每年都积极参与支部提案活动，在平时工作中留心留意，注意体察周围生活中的社情民意，最后形成提案，为群众解忧，为政府当好参谋。最近他被推举为东营民进教育委员会副主任。

和张兴芳在一起，民进的同志们都很佩服他的敬业精神和组织协调能力，都知道他也是一个很健谈的人。谈工作，你会发现他工作上处处闪现着睿智的火花，很多棘手的问题对他而言是小菜一碟。谈生活，没有低级趣味，许多时尚也间杂其间。由是我们很感叹，学生很幸运，因为遇到张老师，学习会因此变得不再枯燥；民进的同志们也很幸运，他打开了一扇使大家了解中小学教育的门，有他在，工作也变得有滋有味儿。

七、闲不住的曲植民①

曲植民人到中年，黑且瘦而精神，戴一副350度眼镜，整日匆忙。

他本山东垦利县（现山东省东营市垦利区）人士，在那片黄河泥沙淤成的土地上被太阳晾晒了22年，只是手不释卷，酷爱学习。1978年，曲植民在治黄工地上接到了惠民师范的录取通知。他兴奋至极，遂打点行装，走进了他梦寐以求的师范学校。说不清有多少废寝忘食日，三年后他原路返回，走进垦利县实验小学的大门，当了少先队辅导员。且不给他诸如呕心沥血、兢兢业业之类表现其勤苦能干的褒义词，但看曲植民名声大振、成绩颇丰：全国优秀辅导员、全省优秀辅导员及德育先进工作者……顶顶桂冠，对得起养育他的那长满黄蓿菜的地方。

其后，一纸调令把他调到东营市实验小学。进校正值暑假，学校组织师生义务劳动。大家忙得热火朝天时，视野中出现了一个更忙碌的陌生面孔，浑身是使不完的劲，好比拼命三郎。校长一句介绍：此人便是曲植民。众人豁然：原来只闻其名，不识其人，今日一见，果然是一头不用扬鞭自奋蹄的牛啊！

他依旧干本行。八个少先队八路诸侯，头目曲植民，拥雄兵四百。可这些手下兵将君命有所不受，时常闹乱子、捅娄子。曲植民说："干辅导员就得俯下身

---

① 刘知晓：《闲不住的曲植民》，载《辅导员》1994年第9期。

子，一是实干，二是做榜样。”他团结队干部，在新的土地上开始了耕耘。查纪律，搞卫生，督导日常行为规范化。其人虽不能口若悬河、谈天说地，但开口通情达理。几个纪律涣散不服管教的队员，经曲老师一点，乃心悦诚服、顽石点头矣。同学们上课了，曲植民一手拿扫帚，一手拿篓子，巡逻于墙边楼角，收捡着点点垃圾。环卫处来清理厕所，遇上一点麻烦，他同教务主任抢先下手，弄了个浑身臭不可闻。曲植民生就的闲不住。

二里长的马路像一条扁担，曲植民挑起了学校和家庭。爱人生小孩、父母生病，这种尽情尽孝的事都没有让他从繁忙的少先队工作中脱出身来，家中再忙也忙不过学校的事。曲植民是个多面手，只要与少先队有一点沾边的事，就离不开他这个角儿。一双摸过锄镰锨镢、掏过厕所、修过门窗的粗手，搞过摄影，精通弹琴拉弦，也会装裱糊贴，还是双纤纤的艺术细手哩！且看以下镜头。

其一：操场上，鼓号队阵容整齐，号声嘹亮震天响。队员们一个个雄姿英发，昂首挺胸。曲植民穿梭其中，来回指导。

其二：教学楼前广场上，献辞队横行竖列大有“沙场秋点兵”之势。稚嫩童声，簇簇花束，中间闪动着曲植民那张黑瘦的面庞。

其三：红领巾广播站播出的乐曲欢快，声声悦耳。可此时幕后，却是曲植民沙哑着嗓子在指导……

——曲植民，道不尽啊！

八、黄河口的育才人①

邵忠毅，男，生于1948年11月。1969年青岛师范学校毕业后，响应号召到黄河入海口的盐碱滩上做了一名普通的中学教师。先后担任过乡镇中学校长、乡镇教育组组长、垦利县教育局教研室副主任、垦利县实验小学校长等职务。1989年受命组建东营市实验小学，并担任校长至今。在黄河三角洲这块曾经荒凉的土地上，邵忠毅已辛勤耕耘了30多年，先后被评为东营市优秀党员、东营市模范校长、全国中小学德育先进工作者、全国优秀教师等。

在一个炎炎夏日，我造访了这位在东营市闻名遐迩的校长。邵校长一副清瘦的面庞，炯炯有神的目光，让人感觉到一种儒雅之气。言谈之

---

① 刘知晓、孙传文：《黄河口的育才人》，载《山东教育》2002年第25期。

中，邵校长以自己颇有见地的治校方略、办学思想、教育理念，深深地打动了笔者。

笔者：邵校长，东营市实验小学是所“规范 + 特色”的学校。您能否谈一下“规范 + 特色”所体现的内容？

邵校长：我们东营市实验小学建校于 1989 年。建校之初，我们就明确提出了“德育首位、教学中心、五育并举”的办学方针。在这个方针的指导下，我们严格执行国家课程计划标准，开全课程，开足课时，即使是在应试教育气氛比较浓厚的情况下，我们也坚持“德育首位、教学中心、五育并举”的方针。通过我们的努力，东营市实验小学的办学很快得到了市委、市政府和教育主管部门以及社会的认可，被东营市教育局命名为“东营市十佳学校”。1996 年初，建校仅 7 年，我们顺利地通过了“省级规范化学校”的验收，成为东营市第一所“省级规范化学校”。实验小学的办学特色，就是以教育科研为先导，以教改实验为突破口，多学科、多年级开展教改实验。从 1992 年起，我们积极实施“科研兴校、实验立校”战略，先后引进和开展了“汉语拼音换韵直读法”“小学生语文整体能力发展实验”“数学启发式教学”“电脑作文”“计算机辅助小学数学教学”“乐器进课堂”“减轻小学生过重课业负担的研究”等 8 个教改项目。

笔者：创新是任何一项工作不断发展的动力。请您谈一下在教育科研中学校是如何创新的？取得了哪些成绩？

邵校长：我校开展的实验项目，有的是移植引进的，有的是结合学校的实际情况开展的，目的是为了解决教学中的某些问题，还有的是主动承担的上级科研部门的研究题目。不管是什么项目，都有一个如何和我校教育教学实际相结合的问题。这就需要我们从实际出发，不断开拓创新，有继承，有发展，发展就是创新。

比如在“汉语拼音换韵直读法”实验中，我校教师根据东营地区的语言环境，把直读“三步法”发展为“四步法”，被该项实验的主持人潘自由称为“山东方案”。我校先后在全国直读法培训班和全国小语研讨会上做了经验介绍，“四步法”方案也被全国的几个省区市采用。我们推广“张思忠英语教学法”，在学习字母、语音时，根据小学生的特点，同时吸取北京“三位一体”英语教学法的优点，使二者相得益彰。在“减轻小学生过重课业负担的研究”课题中，我们根据学生学习习惯和学习能力的差异，设计了“层次性作业”，成为实现教学“轻负担，高质量”的重要途径……在新的教育教学形势下，我们站在培养学生创新意识和创新能力的高度，又提出了“小学学科实践活动”的课题。2001 年 11 月，东营市教研室在市实验小学召开全市“小学学科实践活动”现场会，向全市推广。“小学学科实践活动”作为一个新生事物，引起了教育界和新闻界的关注，《东营日报》《山东教育》《现代教育导报》和东营教育电视台、山东教育电视台、中国教育电视台都曾经报道过我们开展“小学学科实践活动”的情况。

笔者：从社会的反响和我个人的了解来看，学校非常注重培养“合格+特长”的学生。我想进一步了解学校在培养学生特长方面的一些做法。

邵校长：不管是从时代的要求还是从个人发展的需求来看，一个人必须有专长或者特长。小学阶段是一个人兴趣养成的关键阶段，我主张小学生应该围绕着一种或者几种兴趣发展自己的特长。这既是素质教育对基础教育的要求，也是学生全面发展的需要。

我们从建校起，就把培养学生特长当作一项很重要的工作来抓。培养学生的特长，首先要尊重学生的选择。我们坚持以第二课堂、周六艺校为主渠道，课堂教学为辅助的方式，在舞蹈、声乐、器乐、书法、乒乓球、足球、航模、计算机等方面着力培养学生特长。我们考虑到本校的师资力量有限，不能满足学生的需要，就从一些文艺团体和相关的单位聘请了部分知名人士到校任教，像书法界的刘宝麟、音乐界的朱世全、文艺界的任建军等。充分利用社会资源来开拓办学路子，我认为这是发展学生特长的一条成功经验。

经过我们坚持不懈的努力，我校在艺术教育和实践活动等方面取得了辉煌的成绩。2000 年，我校被教育部表彰为“全国艺术教育先进单位”。

笔者：有人说，一个好校长就是一所好学校。您在实验小学已经奋斗了 13 年，很多老师都说您是一位治校严谨、可敬可亲的校长。请问您的治校之道是什么？

邵校长：谈不上什么治校之道。我是一个很注重“小节”的人，学校无小事，处处是教育。我常常一个人到教师办公室、教学班、备课室等地方转转。墙壁上的一点划痕，微机上的灰尘，学生的执笔姿势，这些小事都是我要“管一管”的内容。我认为，学生的学业成绩固然重要，但学生的行为习惯、学习习惯的养成更重要。培养“合格+特长”的人才，这个“合格”的内涵很大，也很不容易做到，所以教育教学要从小事抓起。比如说，在我的脚下有一点垃圾，我会立即俯身捡起；发现学生或者教师的细小问题——对有些人来讲可能感觉是微不足道的，我也会委婉地给他们指出来，让他们自觉改正。可能是受我的影响吧，很多教工也很自然地这样做。校长影响老师，老师影响学生，言传身教，一个良好的教育环境就形成了。

治理学校，除了细心，还要有爱心。对教工、对学生应该用欣赏的眼光来看，不断激发他们的工作热情和工作干劲，这样才会形成一股向上的合力，这就是一所学校永远发展的不竭动力。在工作中，即使遇上教职工有过失的时候，我也很少批评人。特别是对刚参加工作的年轻人，经验不足，热情有余，难免出些差错。如果一棍子打死，就会影响到一个人今后的工作。我们学校有一批工作上的拼命三郎，他们是业务骨干。我就注重引导他们发挥长处，提醒他们注意克服缺点。我在学校班子中讲得最多的就是“大度容人”。

当然，依法治校是个大原则，不能搞感情至上。对一些靠思想教育难以有起色的工作，就要辅助以校规校纪。举个例子说，体罚是每一个学校都曾遇到过的难题。怎么解决呢？我们针对这种现象进行过教育，开展过批评。但我们传统的教育观念还是有一定市场的，当时没有从根本上解决这个问题。据此，我们出台了对体罚学生现象进行处罚的规章制度，在教代会上通过后施行。思想教育加上规章制度很有效果，我们已经有两年没有发生过体罚学生的现象了。有一次，我在市教委组织的校长例会上提到了我校要创建无体罚现象的学校。当时的市教委主任就问我：“老邵，你能做到吗？”我说：“我可能做不到，但我会做到积极减少体罚现象，直至最后消灭这种现象。”这不，我们已经收到了很好的效果。

我有好几个剪报本，剪下来的都是有关教育法规、教学方法、教学经验方面的文章，其中就有不少因为教师处理师生关系不当而造成不良后果的事例。我不但要剪下来，而且经常翻看，这样既告诫了自己又提醒了同事。我觉着，细心加爱心是一个教育工作者，特别是一个校长要具备的基本素质。

夕阳西下，我和邵校长站在实验小学的校园里。望着这绿树成荫、环境优雅的校园，我们自然都有一番感慨。从1座教学楼到4座教学楼，从150名学生到新学期的1500名学生，从24名教职工到87名教职工……东营市实验小学向着齐鲁名校的目标稳步前进着。扳着指头数一数，东营市实验小学建校13年，获得的市级以上荣誉有20余项。可有谁知，荣誉的背后包含着校长和老师们几多的辛劳！邵校长年华已度54载，他的面目依旧是清瘦的，风度依旧是文雅的，脚下的教育之路也依旧很长很长。

九、向青草更青处漫溯①

刘知晓，已在教坛耕耘23年，担任过东营市实验小学副校长。2006年8月，调任东营市晨阳学校校长。曾获得山东省教学能手、山东省基础教育先进个人、东营市优秀教师、东营市优秀辅导员等荣誉称号。他是一个性情率直的校长，听他讲述教育故事，觉得那么有趣，那么有新意，好像是传奇，又觉得不是传奇，算是基层学校管理的小浪花吧。

一个会议打了一场胜仗

时光倒流14年，刘知晓刚刚任东营市实验小学副校长。实验小学作为东营市老牌的小学，在三个兄弟学校中的教学成绩不算好，在上级组织的抽测中仅有几个学科排名首位，综合实力勉居第二。刘知晓算是受命于败军之际、危难之间吧。他综合分析了一下考试失利的原因，觉得主要在于教师士气不高。

---

① 吴润梓：《何青草更青处漫溯——东营市晨阳学校校长刘知晓的教育故事》，载《山东教育》2012年第10期。

1998年秋季开学不久，刘知晓和教务主任开始分年级开会。开会的目的只有一个，就是准备期末打一个教学质量的大胜仗。刘校长在会上把学校教学现状的优势做了分析，让每一名教师都要现场表态，具体说清楚本人所教学科在期末抽测中准备拿的名次，并让教务主任详细记录。刘知晓在每一个年级组总是让教龄长的老教师首先表态。老教师自尊心强，不好意思把目标定低了，都说要考第一；年轻人好胜，不想在老教师面前丢份儿，也把胸脯拍得直响，岂不知这样正合新任副校长的心意。会议结束时，刘校长说："大家表态很好，每个人的目标都记在会议记录上，等于立下了军令状。空口无凭，立字为据。我就等着大家期末时兑现了。"

这个学期，几乎所有的老师都使出了浑身解数，真是不用扬鞭自奋蹄。刘知晓在资料印刷等后勤服务上做好保障，偶尔拿出当初定下的目标提醒一下大家。等成绩出来时，大家一片惊喜，一共参加抽测14个学科，实验小学拿了12个第一、2个第二。全校上下扬眉吐气，觉得这才是实验小学的实力，这才是真正的成绩。老校长笑着对刘知晓说："我没有选错人！"

教学报表抓常规管理

一个有100多名专任教师的学校，涉及6个年级、40多个学科，单凭教务处两三个主任无法完成教学常规全过程管理工作，况且主任们还要兼课，教学常规的管理任务何其重。通常的做法就是一个学期集中检查2次左右，没有过程管理，科学性和合理性大打折扣，但这个结果还要用在学年末的考核中，老师们颇有微词。

刘知晓设计了一种周次教学报表，把课时进度、作业布置与批改、阶段性测评、教学中的自我诊断和教学感悟集中在一张表上，要求任课教师每到周末填好上交。完成这个任务，只需20分钟左右的时间，就可以把个人一周的教学工作总结得很全面。

教学管理人员可以根据老师们上交的教学报表随意抽查10名左右，以点带面，抽样分析，既可以看出教学进度是否合理，又可以看出作业量的大小，还能了解教师们教学中的得失。这里面备课和作业项，需要被抽查的教师提供实际材料进行核实，不能仅仅看报表。没有被抽查的教师的报表由教研组长或者主任书面点评，并及时反馈。

每当教学报表摆在办公桌的时候，刘知晓很认真地阅读着，字里行间的信息瞬间便会变成思考：教学进度是快是慢？作业量是大是小？哪些是教师有价值的思想和行为？哪些问题需要提醒？……很快，校长或者其他领导的点评会在下一周和老师见面。

表中的“教学感悟”一栏，让老师们针对自己的教育教学写写随笔，内容宽泛，篇幅可长可短，可以帮助他们梳理教育教学的点滴思考，想到了，写下来，这不仅是一个整理，还是一个修炼性情的机会。

达标评价教学效果

每一个基层学校的管理人员都知道，教师考核中的教学效果评价（考核内容中的一项）是一件很棘手的事情，通常就是平行教学班或者平行学校排名，名列第一者得教学效果满分，然后每差距一分按照某一个标准逐次减分，是属于俗语所云“矬子里拔将军”的做法。

实施课程改革以来，学校对学生的评价由百分制排名转到了等级制，教师的教学效果能不能也实行一个类似于等级制的方法，淡化同学科教师之间的竞争，减轻他们的心理负担，刘知晓在这个方面进行了认真的思考。

他果敢地取消了教学成绩的排名，用达标来替代。他把几年教学成绩中的优秀率、及格率和平均分进行系统分析，根据学校教学质量的要求，设定一个达标线。凡是达到或者超过这个线的成绩，都视为教学效果优秀，就像学业成绩中的60分及格线一样，只要考试成绩达到60分以上，即可毕业。这样做减少了锱铢必较，教师之间的竞争明显淡化。

虽然刘知晓校长讲不出达标评价的理论依据和科学内涵，但是实际一经运用，确实看到了教师的焦虑心情在趋于平缓，过去的门户之见在逐渐减少，独门秘笈开始分享了，合作意识不断增强，共同努力、一起达标是常见之事，这能说不是达标评价带来的好现象吗？

知识源于实践，窍门儿源于思考，不破不立。尽管达标评价不是考量教师教学效果的最终方式，但毕竟是在排名制度后的一种现实进步啊！

把学科实践活动变成课堂教学的延伸

在2000年，能提出一个“学科实践活动”的概念就是一件很创新的事情，刘知晓校长到现在也是这样认为的。

刘知晓亲自主笔写出了《学科实践活动方案》，制定了150多种学科实践活动类型，涉及语文、数学、音乐、体育、美术、英语、科学和信息技术等多个学科。课堂不必在教室，学生听、说、读、写、算、测量、观察、拼装、饲养、采集，学习形式多种多样，学习方式有了一个大的变化。《山东教育》《山东教育报》和山东教育电视台、中国教育电视台都曾经报道过学校开展学科实践活动的情况。2001年，东营市教育局教研室在实验小学召开了现场会，向全市推广这一做法。2003年，山东省教育厅评出了全省50个教学改革典型，东营市占了2个，学科实践活动就是其中之一。

刘知晓调任到晨阳学校后，进一步梳理了学科实践活动的思路，在学校内设立了许多学生实践活动基地，为学生提供了近百个实践活动岗位，有图书管理、理化生实验室、红领巾邮局、红领巾超市、动物养殖、植物栽培等。以红领巾超市为例，学生自推店长、店员，从进货、定价、出售到财务管理，全是小学高年级的学生。学生从中可以体验到物流、数学、财务等多方面的知识。超市仅出售与学习有关的文具和书籍，盈利用于班队活动、学生奖励和捐助，不准涉及其他。

在晨阳学校的校园里，你可以看到翱翔的鸽群；在教学楼的走廊和教室，悬挂和摆放着翠绿的吊兰；奔走在图书室、实验室和办公室之间的，经常有小管理员和小邮递员的身影。很多人说，到了晨阳学校，你就会感觉到时时处处洋溢着生机。

学生在学校，需要的是童年的快乐，刻苦认真的学习态度和快乐学习的过程并不矛盾，关键是国家怎样来规划设置课程，老师怎样去理解和实施教学过程，学校怎样提供和开发学习的资源。这对于一个校长，一个对学生童年负责任的校长而言，是一个永远思考不尽的问题。

读书小组和特别书架

刚到晨阳学校的时候，刘知晓发现这一支教师队伍很年轻，亟须提高业务理论水平和实战能力。他亲自上阵，组建了晨阳学校的教师读书小组。

读书小组并非只是读书，刘知晓把他曾经在浙江省小学语文研究班的学习秘笈搬出来。1990 年，他拜在浙江省特级教师朱雪丹门下学习。朱老师言传身教，有一套严格的培训方案，具有很强的实效性。“我在小学语文教学上的那点儿功夫，全是朱老师培养出来的。”“有一次写作业写到凌晨，鼻子都出血了还不知道。”刘校长回忆那段学习经历时很有感触。这次他也要变成朱老师，让他的年轻同事变成学员。

读书小组第一次招到了 8 个人，刘知晓自任组长，学习时间放在课余，每周日晚是集中学习的时间。学员们读的第一本书是所任教学科的课程标准，第二套书是所任教学科的全套教材，然后是正在教授的一册教材。不管读什么书，都要写读书笔记。统一发的方格稿纸，一律正楷手写，既要有书上的知识要点，也要有自己的看法和观点，按时上交，不得延迟。这些都是刘知晓曾经领教过的朱老师的做法。等到集中学习的时候，每个人都要站出来，限时发言，还要接受组长的提问，这是刘校长的创新。课标和教材读完了，那就看名师上课视频和自己录自己的课吧。看完了，上完了，这都不是目的，还要把名师和自己执教的课堂实录一字一句地整理出来，很多学员都是红着脸整理完两个课堂实录的。

一轮学习下来，学员们每个人都觉得自己走进了一个学科知识体系的大仓库，装了个盆满钵盈。同时，他们明白了自己的学科是什么、有什么，学生应该学什么，学到什么程度。其实这些都是一个教师应该搞明白的事情，可是师范院校不会教授这些，只有到了工作岗位，才会面临这些问题，读书小组首先要解决的就是这些。

先成为一个专家，再成为一个杂家，要把自己的头脑变得丰满，需要读更多的书，走更长的路。学员们可以买自己喜欢的书，可以跟着校长到名校参观，可以和名师座谈。学习的过程固然很苦，但收获更令人欣喜。读书小组那些学员，至今有的成了教学的管理人员，有的成了教学能手。

一个小团队带起来了，整个教师队伍也需要整体素质的提升。刘知晓改变了图书采购的一般做法，让家长、学生和老师自己挑书，确定书目后学校统一采购，做到得心应手。实在不行，也可以到网上淘宝，学校照样予以报销费用。在学校的二楼教工之家，摆放着一排排书架，每个书架上贴着教师的名字，摆放着每个人自己挑选的书籍。每周到学校读书一个晚上，读不完带回家继续读。书籍的所有权归学校，使用权归教师个人。校工会为每一名教职工买了一个喝水的杯子，为读书环境增添了一些温馨。

在晨阳学校，教师读书蔚然成风，家长和学生也走进学校，开始了“亲子共读”。在气温适宜的春秋两季，偌大的阅览室灯火通明，座无虚席，家长的酒席应酬推掉了，孩子的作业减少了，共同遨游在书的海洋里。宁可把书翻烂，不可把书放霉，这是刘知晓校长的胆量和魄力。在教学楼每一层楼的尽头，还设有红领巾读书角，两排彩色公园座椅，两幅名画点缀，三幅遮阳的百叶窗帘，一排设计精致的书架和琳琅满目的书籍，给课前和课间那些爱读书的孩子时刻准备着知识的盛宴。

义工团竖起了精神的旗帜

知识的富有不是真正的富有，精神的富有才让人觉得有意义。刘知晓一到晨阳学校便提出了组建晨阳学校义工团的建议，发动教职工和12周岁以上的学生做义工。学校没有请物业公司，并不是学校真的缺钱，是担心教师和学生精神世界会变得贫穷。于是每一名教职工分到了一块卫生区，从教师做起，从校内做起，把义工精神传递下去。刘知晓也不例外，他曾经打扫过楼梯、卫生间，现在仍然负责着一层楼的走廊。

2008年，学校正式组建了义工团，有教师32人，学生123人，愿意随时参加活动的家长489名。义工团人员众多，活动普及的面广，社区、商场、学校、敬老院、孤儿院……一年四季都会有晨阳学校义工团员的身影。人员发展从学生到家长，活动开展从校内到校外，这是义工团的一条方针。有教师的以身示范，学生紧随其后，家长们也根据自己的专长到学校做演讲、做辅导教师，医生、警察、作家、演员、科技工作者纷至沓来，学校俨然成了一个大的学术沙龙。学校借风使力，利用家长的专业资源把校本课程开发出来，学生收获的是知识，家长得到的是精神享受，学校开发的是课程，义工团拿到的是成绩。一箭四雕，何乐不为！学校每年开展的义工活动不下50次，参加的人员有上千人次。于是报纸上有影，电视上有声，义工团声名鹊起，成为一杆飘扬在学校和周边社区的精神旗帜。

习惯养成和两个手册

2006年9月，教育局局长约刘知晓谈话，让他写一篇关于如何当好校长和说明办学思路的文章。经过一段时间的思考，他写了一篇《校长的责任在于引领超越》，里面提到了学生的培养目标："一、健康的体质；二、相信人生而平等的人格魅力；三、良好的人际关系和初步的交际礼仪；四、扎实的学科知识；五、初步的文学艺术审美能力；六、一定的创新思维和创造能力；七、积极参加公益活动的态度和行为。"

后来他读关于陶行知的书，读到了一段陶行知关于提高学生素质的话，也提到了培养目标："一、私德为立身之本，公德为服务社会国家之本。二、人生所必需之知识技能。三、强健活泼之体格。四、优美和乐之感情。"二者对照，还颇有些相似。刘知晓觉得自己的办学之路没有错。刘知晓颇欣赏的一句话是叶圣陶先生所云"中小学的教育就是培养学生的习惯"。教育应该从儿童着手，即所谓"童蒙养正"。人的童年少儿时期，最容易教导，也最需要教导，在这时接受良好的行为和学习习惯教育，对他们的一生都受用无穷。这就是晨阳学校为什么把习惯养成教育当作办学思路等原因所在。

2008年底，刘知晓随山东省教育厅组织的赴美国康州中小学校长培训团到美国学习考察了21天。期间他实地考察了美国康州公立幼儿园、中小学的教育教学现状，对美国康州学校的学生管理印象很深，觉得两地的教育理念和学生素质差距甚大，促使刘知晓校长在晨阳学校推行养成教育的决心更大，信心更足。他撰写了近2万字的《访美杂记》，带回了一些参考资料，又在一个月内连续召开4次家长会，把养成教育的理念宣传给家长，以求达到家校思想的一致。

全国各地进行习惯养成教育的学校不计其数，但教育的对象只有一个，那就是学生。晨阳学校有自己的创新，提出了习惯养成教育的“三个主体”，即家长、教师和学生。刘知晓说，养成好习惯，学生才能知书达理，教师才能身正学高，家长才能为师垂范。学校借鉴美国康州联谊学校的做法，制定了《学生手册》和《教师·家长手册》。其中，《学生手册》规定了学生行为习惯13个方面54条的要求，还有学习习惯9个方面42条的要求；《教师·家长手册》中明确提出了8个方面61条的教师行为习惯要求和4个方面50条的家长行为习惯要求。

我们再回头看一下陶行知于1934年为淮安新安小学六年级学生制定的教育大纲：“每天做内体运动一次；每天整洁一次；每天写日记一篇；每天吃开水五大碗和豆浆一大碗；每天大便一次，且有定时；每天看本埠和外埠报各一份；每年洗澡80到100次；每年和国内外小朋友通信十二封；需要认识环境中最常见的动植物各十二种；每晚能看到的恒星和行星十二颗；能欣赏名歌名画和自然风景……”晨阳学校的手册也和这样貌似鸡毛蒜皮的条目内容有些类似。

仰慕前贤，苦苦寻求教育的本质和规律，刘知晓在不断探索着。从东营市实验小学到东营市晨阳学校，平淡的工作简历饱含着23年的教育历程，苦甜参半。到晨阳学校6年了，他没有去争取任何一项个人的荣誉称号，他享有的民间口碑却很不错。一个健谈、善于思考的校长，脑子里经常产生一些创造性的火花，没有理论高度，说不出科学依据，但却很实际、很实用。为了国家的科学发展，为了孩子们健康成长，我们的教育需要这样不求闻达、默默工作的教育工作者。红日初升，其道大光，祝愿东营市晨阳学校的明天更加美好！